中学历史教学
与家国情怀素养培育策略研究

陈进才 ◎ 著

辽宁人民出版社

U0682885

ⓒ陈进才 2023

图书在版编目（CIP）数据

中学历史教学与家国情怀素养培育策略研究 / 陈进才著 . — 沈阳 : 辽宁人民出版社, 2023.11
ISBN 978-7-205-10770-3

Ⅰ.①中… Ⅱ.①陈… Ⅲ.①中学历史课—教学研究
②爱国主义教育—教学研究—中学 Ⅳ.①G633.512
②G631.4

中国国家版本馆 CIP 数据核字(2023)第 100353 号

出版发行：辽宁人民出版社
　　　　　地址：沈阳市和平区十一纬路25号　邮编：110003
　　　　　电话：024-23284321(邮　购)　024-23284324(发行部)
　　　　　传真：024-23284191(发行部)　024-23284304(办公室)
　　　　　http://www.lnpph.com.cn
印　　刷：辽宁新华印务有限公司
幅面尺寸：170mm×240mm
印　　张：12.75
字　　数：200千字
出版时间：2023年11月第1版
印刷时间：2023年11月第1次印刷
责任编辑：张天恒　王晓筱
装帧设计：中知图印务
责任校对：吴艳杰
书　　号：ISBN 978-7-205-10770-3
定　　价：68.00元

前　言

　　党的十八大把"立德树人"作为教育的根本任务,说明国家越来越重视学生的思想道德修养。育人先育德,育人先育魂。青少年作为祖国的未来,必须坚定政治信仰、承担历史使命。在社会进步的同时,应试教育的弊端也逐渐显露出来。如在培养学生的公民意识、社会责任感等方面较为薄弱。为适应时代需求,教育改革势在必行。家国情怀作为历史学科核心素养的核心价值观,在发挥历史学科的育人功能上具有重要作用。历史教学在点点滴滴中渗透各个时代的人们为国家发展进步所作的努力,学习他们的高尚品格,勉励青少年奋发向上,关注社会现实,具有时代担当,这是中学历史教材的一种价值取向,更为全面地体现了素质教育的内涵。

　　家国情怀的内涵在时代变迁中不断更新。古代中国的家国情怀受到西周宗法制度的影响,主要表现为士大夫修身、齐家、治国、平天下的人生理想。近代民族危机形势严峻,抵御外侮、救亡图存,求得国家富强、民族独立成为全体国人的意愿。立足当今时代的发展需要,家国情怀在扎根优秀传统文化的同时,应具备开放包容的国际意识。家国情怀重视爱国主义教育,但并非狭隘的民族主义,坚持以爱国主义为核心的同时,也要兼具国际精神,在不侵犯国家利益的前提下,关心人类命运,具有国际意识,为人类社会发展尽我们的力量是每个人义不容辞的责任。

因此,本书围绕中学历史教学与家国情怀素养培育展开相关研究。首先对中学历史教学进行了一个系统的概述;其次在此基础上介绍了中学历史教学方法,内容包括讲授法、图示法、讨论法、探究教学法、情境教学法,由此引申出了家国情怀培养理论;最后根据研究中学历史课堂家国情怀素养培育对策,介绍了基于历史情境创设的中学历史教学与家国情怀素养培养,基于"互联网+"模式的中学历史教学与家国情怀素养培养,基于体验式的中学历史教学与家国情怀素养培养。中学历史课堂培育学生家国情怀素养,既是历史教育的时代使命,也是历史教育自身发展的趋势,更是学生全面发展的迫切需求。

目　录

第一章　中学历史教学概述

第一节　历史课程界定与教学历程

一、历史课程界定

（一）课程

英文"课程"（curriculum）一词，最早源于希腊文"currere"，意为"跑马道"，隐喻"一段教育过程"，后来被引申为学业进程或教学进程。联合国教科文组织将"课程"定义为"在某一特定学科或层次的学习的组织"。

据考证，汉语"课程"一词早在唐代就已经出现，唐代学者孔颖达在《五经正义》中为《诗经·小雅》注疏中有"以教护课程，君子监之，乃得依法制也"之句，但"课程"不具有教育学上的含义①。

宋代朱熹在《朱子全书·论学》中有"小立课程，大作功夫"等句，"课程"含义指功课及有意义的学习活动，与现代人对课程的理解基本相同。

1918年，美国学者博比特出版《课程》一书，"课程"作为一个独立研究领域正式诞生。

目前，关于"课程"概念，学术界尚未有统一的文字界定，在《简明国际教育百科全书·课程》中，关于"课程"的定义就多达9种。

我国对"课程"概念的研究比国外晚，不同的学者对"课程"概念的研究侧重角度不同，因此，对"课程"概念的定义有多种不同的描述。在20世纪80年代，我国教育界对"课程"的概念定义主要有以下三类观点：①课程是知识。这种观点认为，学校设各学科课程，根据学习者的认知水平编写教

---

① 宋国才.中国课程概念研究四十年：回顾与展望[J].湖南师范大学教育科学学报,2018,17(6):17-23.

材开展教学活动,使学习者掌握一定的知识。②课程是经验。这种观点认为,课程从学习者的角度出发和设计,与学习者的经验与实际情况相联系,学习者通过课程学习获得一定的经验。③课程是活动。这种观点认为,课程作为知识、经验具有局限性,课程是受教育者各种自主活动的总和。学习活动是人的心理发生、发展的基础,课程学习强调全面性。

现代一般认为,"课程"概念有广义和狭义之分:广义的课程是指学校为实现培养目标而选择的教学内容及其进程的总和;狭义的课程是指某一门学科,如历史学科课程。课程对于不同主体来说,含义不同:对学校来说,课程是各项学科的进度安排;对教师来说,课程是学科教学的教学目标、内容、活动方式的总体规划与设计;对学生来说,课程是所学的学科内容。

（二）历史课程

历史课程有广义和狭义之分,具体概念阐述如下。

广义的历史课程是指学校教育中为学生提供和重建人类历史知识和历史经验的总和。

狭义的历史课程是指历史学科和历史活动的总和,包括历史教学计划、历史教材、历史教学活动等。

历史课程以历史学科知识为基础,根据学习对象的不同对学习水平进行知识重组,以唯物主义历史观、科学教育观理论为指导,以现代学科课程标准为依据,根据学校课程计划来设计与编选教学内容,并组织开展教学活动,学生通过历史课程的学习,了解历史人物、历史事件、历史事实,并掌握社会发展规律、社会道德与民族精神,树立正确的价值观与道德和思想观念。

历史课程是一个整体概念,内涵丰富。历史课程的构建离不开历史学科,历史学科是历史课程的一个重要资源,二者相互联系又相互区别。

二、我国历史课程的教学历程

发展到现在,我国学校历史课程的设置与改革走过了100多年的历程,历史课程在学校课程中的地位和作用日趋凸显。研究学校历史课程的沿革,可以为推动新一轮历史课程改革提供借鉴、启迪。

（一）我国古代历史教学

1.先秦时期我国历史教学发展

我国开展历史教学的时间最早可以追溯到原始社会时期,只是这一时期还没有历史课程系统教学活动的出现,历史教学还没有形成规模。

夏商时期,我国有了专门的教育场所"庠""序","庠""序"等不同规模大小的学校中,主要用于培养奴隶主贵族子弟,是培养统治阶级接班人的重要教育教学场所。这一时期开展的学校教学内容非常丰富,史官就是历史教师,从事历史课程教学。

东周时期,私人讲学、办学之风兴起。学校教育由奴隶制的"为政尚武"向新兴地主阶级的"文武兼学、文武分途"转化。春秋时期,我国各诸侯国都设有史官,并出现了编年史书,详细记载了各诸侯国的历史事实。这一时期出现的各种史书,具体编排形式不同,如有根据时间编排的历史事实,有以人物展开的历史事实。但无论是哪一种形式,这一时期的史书所记载的历史事实都非常真实,而且比较客观。编年史书可以看作是我国最早的历史教材。我国著名的教育家孔子,也是我国历史上最早的历史教材编订者。

2.秦朝至明朝时期我国历史教学发展

战国以后,我国历史进入封建社会。秦王朝统一六国,实现了我国历史上第一次大一统,秦王朝非常重视对民众的历史和文化教育,这与秦统治者需要稳固统治、防止百姓反抗的政治需要有密切的联系。

秦汉以来,中国古代封建社会制度形成,学校教育以"六经"为主,重文轻武,偏重德育、智育。

魏晋南北朝时期,"玄学""清谈"之风盛行,重文轻武的教育思想进一步发展,"五经"一直是学子必读的课程,"六经皆史""经史不分",习经即读史。

南朝的宋文帝非常重视本朝的教育,在京师设立玄、儒、文、史四个专科学校,自此,历史从经学中分离出来,成为一门独立的课程。

唐以后的科举考试中,历史课程占有相当的分量。

五代开始,我国出现了新的教育机构——书院,《史记》《汉书》《后汉书》(即"三史")被列为书院学生的必学课程。辽、金、元时期,亦特别重视历史课程。明朝规定,国子监必设"史学"课程。

3.清朝时期我国历史教学发展

清朝非常重视文化教育,清朝的很多书院都有明确的教学规定,要求学生学史学、记日记,由学长评阅指点。

1901年,清政府实行"新政",在教育改革方面,开始废科举、设立新学堂、制定新学制。

1902年,清政府颁布《钦定中学堂章程》,规定中小学设"史学"一课。

1904年,清政府颁布《奏定中学堂章程》,建立起我国第一个近代化的新学制,史称"癸卯学制",标志着我国近代学校教育的开始。"中外史学"改为"历史","历史"成为近代我国学校的正式独立课程。《奏定中学堂章程》规定,历史课程包括三门,即中国史、亚洲各国史和欧洲美洲史,教学内容丰富,各有侧重。通过历史课程内容教学,旨在培养学生掌握历史事实和历史发展规律,能"辨文化之由来,省悟强弱兴亡之故,振发国民之志气"。

(二)我国现代历史教学

我国现代中学历史教学发展大体趋势是在曲折中发展,具体可以分为如下七个发展阶段,不同的发展阶段进行了不同特点的历史课程教学改革。

1.第一次改革(1950年)

中华人民共和国成立之初,我国中学历史课程教学以内容为突破点进行了一系列改革,奠定了中国中学历史课程内容框架。1950年,我国借鉴以往历史课程结构设置,中学历史课程设置采取先中后外、螺旋上升、逐步加深的办法,从初一至高三开设中外史,高二时增设中国新民主主义革命史,每周3课时。

自1951年秋季起,初一历史课程教学选用老解放区使用的叶蠖生编的《中国历史课本》,高一历史课程选用范文澜编的《中国通史简编》,高二历史课程选用胡华编的《新民主主义革命史》,坚持以马克思主义唯物史观阐明历史,强调历史教学中的爱国教育。

2.第二次改革(1953年)

1953年,我国进入第一个五年计划建设时期,百端待举,在社会建设各方面主要是学习苏联的经验。

1953年,教育部成立历史教学问题委员会,1953年秋,历史课程原有的"先中后外"变成了"先外后中","中国史多、外国史少"的历史课程教学内容比例也发生了变化,改为中外史内容各占一半。

这一时期,对苏联的中学历史课程设置的学习解决了我国中学历史课程设置缺乏经验的问题,但也存在一定的不足。例如,苏联的历史课程采取的是十年一贯制,小学、初中、高中不分段,历史教学从古至今直线上升,而我国分初中、高中两个教学阶段,在历史教学中也采取从古至今的教学内容安排方法,会导致很多初中毕业没有升入高中的学生没有机会了解和学习中国近现代史和世界现代史。针对这种情况,我国再次进行了历史教学改革。

1956年,在新的历史教学改革下,初中和高中历史课程教学设置如下。

初一:开设中国历史,每学期51课时。

初二:开设中国历史,每学期51课时。

初三:开设世界历史(古代、中世、近代、现代),第一学期54课时,第二学期48课时。

高一:开设世界近代史(68课时)、世界现代史(34课时)。

高二:开设中国古代史,每学期51课时。

高三:开设中国近代史(鸦片战争至五四运动)、中国现代史(五四运动至中华人民共和国成立),每学期51课时。

新历史教学改革,在教学内容上兼顾了学生了解与学习历史知识的需要,同时兼顾了学生升学的需要,课程内容设置更加合理。

3.第三次改革(1959年)

自1958年起,中苏关系恶化,教育的"苏化"被全盘否定,我国在教育理论与实践上,以"教育为无产阶级政治服务,教育与生产劳动相结合"的教育方针为指导,1959年进行了历史课程教学改革。具体改革措施如下。

课程设置方面:压缩课程,高中只设中国现代史和世界现代史两门课程,每周2课时。

课程实施方面:强调社会实践,用所谓"辩论课""现场课""访问课"等代替正规课堂教学。

课程内容方面：强调"人人动手，自编自用"，历史课程教学变成了冶炼史、植棉史、厂史、阶级斗争史及相关实验课，对教材进行不恰当删减。此外，历史教学中大量引入领导者的语录教学。

4.第四次改革（1963年）

1963年，在以往历史教学的基础上，教育部进行了大规模的历史课程教学改革。改革内容如下。

初二：开设中国古代史，共计99课时（含复习）。

初三：开设中国近代现代史，共计92课时（含复习）。

高三：开设世界历史（古代史、近代史、现代史），共计100课时（含复习）。

此外，高中历史教学在强调学生学好历史必修课的基础上，开设历史选修课，这是我国学校历史教学首开选修课，具有重要的进步意义，但是受历史教学条件所限，只在少数学校进行了实施。

5.第五次改革（1978年）

1977年，教育部确定中小学教育教学的十年制学制。

1978年，教育部制定《全日制十年制中小学教学计划（试行草案）》，规定学制为小学五年，中学五年（初中三年，高中两年）。在历史课程教学上，进行了以下教学改革。

初中二、三年级和高中一年级设置历史课程教学。

初二：开设中国古代史，每周2课时。

初三：开设中国近代史、中国现代史，每周2课时。

高一：开设世界历史，第一学期每周2课时，第二学期每周3课时。

1978年，教育部颁布了《全日制十年制学校中学历史教学大纲（试行草案）》，在1980年进行了修订再版，并据此编写初高中历史教材共计6册。

1981年，初高中历史教材改为"初级中学课本"和"高级中学课本"。

6.第六次改革（1981年）

各地教育水平参差不齐，在高中不设置中国历史课程教学，会导致高中毕业生与初中毕业生的历史知识水平毫无差别，没有进步，这与当时面临学校教育培养"四个现代化"人才的要求不符，新一轮的教学改革势在必行。

1981年,教育部颁发了《全日制六年制重点中学教学计划(试行草案)》和《全日制五年制中学教学计划(试行草案)修订意见》,对学校历史教学改革如下。

初一:开设中国古代史,每周3课时。

初二:开设中国近代史、中国现代史,每周2课时。

高一:开设世界历史,每周3课时。

高中二、三年级设选修课。

与之前的历史课程教学相比,历史课程总课时数有所增加,历史课程在学校教育教学中更加受到重视。此外,在高中设置历史选修课对我国历史课程及我国以后学校历史教学影响深远,其不仅适合重点中学,对一般中学也具有指导意义。

7. 第七次改革(1986年)

1986年4月12日,第六届全国人民代表大会第四次会议通过了《中华人民共和国义务教育法》,我国正式普及义务教育。

1986年10月,国家教委颁发了《义务教育全日制小学、初级中学教学计划(试行草案)》(此后修订为"课程计划"),将全部课程分为两大类:学科类和活动类。颁布施行配套的《九年制义务教育全日制初级中学历史教学大纲(初审稿)》。

1990年至1993年,国家教委颁布《现行普通高中教学计划的调整意见》《关于在普通高中开设选修课的意见》,对普通高中历史课程教学进行了如下改革。

一是将世界历史课改为世界近代史、现代史必修课。

二是增设中国近代史、现代史必修课。

三是增设分科性的中国古代史选修课。

1996年,国家教委依据《中国教育改革和发展纲要》颁布施行了与九年义务教育课程方案相衔接的《全日制普通高级中学课程计划(试验)》。同年6月,颁布配套的《全日制普通高级中学历史教学大纲(供试验用)》,从次年(1997年)开始执行新历史课程教学。

我国第七次历史课程改革是在贯彻"三个面向"、实现"普九"、提高全民素质的背景下进行的。经过改革,高中历史课程更具有多元化,历史课程教学在学校教学的比例中有所增加,历史课程内容编写初步实现"一纲多本",历史教材审查由"国定制"向"审定制"转变。

(三)21世纪我国历史教学

2000年1月,教育部颁发《全日制普通高中课程计划(试验修订稿)》,与其配套的《全日制普通高级中学历史教学大纲(试验修订版)》重新设置高中历史课程,包括历史必修课程和选修课程两类。

2000年、2002年,教育部颁布和重新修订的初、高中历史教学大纲,重新审定初高中历史教科书,更加重视历史教学的素质教育。

2001年6月,国务院召开全国基础教育工作会议,作出了《关于基础教育改革与发展的决定》。同年,教育部颁布《全日制义务教育历史课程标准(实验稿)》。2001年9月,义务教育课程设置基本完成,9月后进入实验阶段,七至九年级阶段分别编订了"分科"和"综合"两套课程。

2003年,教育部颁布《普通高中历史课程标准(实验)》,确立了高中历史新课程理念、新课程体系、新内容标准、新评价体系。

2004年9月,高中历史新课程先后在我国部分地区实施,截至2007年底,全国共有15个省(市、区)实施高中历史新课程改革。

自2013年起,教育部开始进行历史新课程标准修订和高考制度的改革,2017年基于立德树人根本教育任务的理念,颁布了突出强调核心素养的《普通高中历史课程标准(2017年版)》,历史学科核心素养的教育理念是对"三维目标"的深化和发展,逐渐对高中历史教学产生实际影响。而《普通高中历史课程标准(2017年版2020年修订)》作为高中历史课程改革的纲领性文件,其修订范围集中体现在落实德智体美劳全面发展的育人目标,崇尚英雄、学习英雄、铭记英雄的时代呼唤两方面。

近年来,随着新高考改革方案的实施,高中教育越来越受到重视,高中历史课程的学科地位逐渐得到提升,历史教学的重要性越来越得以凸显。新时期,应重视高中历史教学设计与优化,通过高中历史教学,应在提高高中生的历史成绩的同时,让他们成为契合时代发展的高素质人才。

第二节 中学历史教学的本质、意义

一、中学历史教学的本质

(一)历史教学是对历史的探究与反思

中学历史教学,旨在让学生学习历史,要求学生思考历史事件原因与结果的关系,进行合理的历史解释,但必须认识到,历史绝不是死记硬背的学科,学习历史必须主动探究、反思[①]。史学真正有意义的地方不在于提供多少经验,而是培养历史意识,能用变化的眼光看待历史,深刻认识历史发展中人的作用,提高自我判断能力和社会参与能力。

在中学历史教学中,历史教师应帮助学生思考过去如何影响现在,使学生从历史立场思考、分析、反思、归纳、演绎、推理、解释,得出结论。

(二)历史教学是人文素质教育

历史是一门"人学",历史教学的本质是人文素质教育,历史教学离不开道德评价与道德教育。通过学习历史彰善瘅恶、激浊扬清是历史教学的重要教育功能的体现。

通过中学历史教学,教师应帮助学生了解各种社会形态,不同阶段的人类社会的时代特征、思维方式和生活方式的文化意义,建立正确的道德评价,培养社会责任感与社会参与意识,学会做人,养成责任心,产生社会归属感,形成正确的人生观、世界观和价值观。

历史事件是人活动的产物,是人思想的产物。学生只有认识到历史人物(如司马迁、岳飞、文天祥等)的时代背景,认识到历史人物的思想,才能通过历史人物某些具体行为感悟到历史人物的精神与伟大。通过历史学习,学生理解了历史事件、人物的感悟,才能进一步认识到一个国家、民族文化的精髓,才有可能认识历史传统,产生民族认同,传承民族优秀的品质、物质文化与精神文化。

---

①向勇.历史学科核心素养发展策略:基于美国"READI项目"研究[J].教师教育学报,2020,7(6):110-118.

中学历史教学的本质意义重在培养"人"而不是"人才"。《普通高中历史课程标准(2017年版2020年修订)》指出,中学历史课程应发挥历史课程立德树人的教育功能,使学生能够从历史的角度关心国家的命运,关注世界的发展,成为德智体美劳全面发展的社会主义建设者和接班人。

二、中学历史教学的意义

(一)帮助学生建立历史意识

学习历史,能从历史中获得一种思维观念与方法,即历史意识。有了历史意识,才能理解历史的演进,吸取历史经验和教训,根据历史规律来理解历史、观察现实、展望未来。

(二)培养学生的民族认同感

通过历史教学,学生能了解我国的民族精神和民族文化氛围,深刻体会到我国不同历史阶段的忧患和挫折,警示当下,重视历史的前车之鉴,凝聚民族情感。

纵观中华民族的历史,各民族在不断融合中发展,如春秋时期形成的"诸夏意识",是先秦的民族精神基础,凝聚了华夏民族。对于历史的认同是对民族精神认同的精神基础。

(三)帮助学生树立正确的人生观、价值观、历史观

教育的本质就是要实现人的社会化,人能够适应社会的需求变化以及发展的过程。实际的生活中,人们所遇到的各种问题是综合性的问题,并非单一学科知识可以解决,因此,现代教育提倡综合化教学。历史学科也不例外,历史教学涉及政治、经济以及法律等多个方面的知识,中学历史教学中,需要在掌握历史知识的基础上,通过渗透中华儿女的优秀品格来提高学生的思想和道德情操,让学生接受人生观、价值观、历史观的教育。

第三节　中学历史教学基本理论与理念

一、现代中学历史教学的基本学科理论

（一）教育学理论

1.教育学理论概述

教育学理论是关于教学本质和一般规律的科学,通过规律性的认识来确定优化学习的各种教学条件与方法,解决各种教学问题。

古今中外的教育学理论有很多,如我国古代孔孟的"学而不思则罔,思而不学则殆""循序渐进""因材施教"等儒家教学思想;我国近现代蔡元培、陶行知等倡导教学要重视发展儿童的个性,发挥儿童主观能动性的教育思想;近代捷克教育家夸美纽斯提出教育目的、内容等必须适应儿童年龄特征的"大教学论",法国思想家卢梭肯定儿童积极性的教育;现代美国哲学家、教育学家、心理学家杜威主张的"儿童中心""做中学"的教育观点等。这些教育学理论与观点对教学实践均具有重要的指导作用。

现代教育学理论主要研究以下问题:①研究教学本质。②研究教学价值、教学目的、教学目标。③研究教学活动关系。④研究教学内容。⑤研究师生关系。⑥研究教学方式与方法、教学模式与教学组织形式。⑦研究教学评价。

2.教育学理论对历史教学的指导

教育学理论为现代历史教学设计提供了理论支持,在教育学理论的指导下,通过明确历史对象和范畴,指导历史教学设计,为历史教学设计提供理论依据,有助于历史教学实践活动的科学开展,并实现良好的历史教学效果。

（二）心理学理论

结合中学历史教学实际,心理学相关理论在教学中的应用主要涉及教师对学生的学习心理的了解与研究。

1.心理学学习理论

心理学学习理论是研究学习者的学习心理的学科理论知识,包括学生的学习动机、学习态度、学习过程中的心理活动变化等。个体的学习心理对个体的学习行为与学习效果具有重要影响,因此,教师有必要了解不同学生个体或群体的学习心理,以便有针对性的开展历史教学。

2.心理学学习理论对历史教学的指导

心理学学习理论要求历史教师在课堂上开展教学活动,要重视学生的"人"的特性,重视学生在课堂上的行为表现与分析,要能抓住学生的学习心理与学习需求,充分利用多元教学方式方法与组织形式来调动学生的历史学习动机、热情。

此外,了解学生学习心理,还有助于教师与学生之间的和谐师生关系的建立,有助于促使传统的"单向"历史教学向"双向互动"的历史教学转变,对于良好历史课堂氛围与课堂教学效果具有重要促进作用。

(三)传播学理论

1.传播学理论概述

传播,即信息的传递。信息传播系统的建立包括四个要素:信息发送者、信号、信息通道、信息接收者。

传播学理论认为,有效的传播不仅是发送信息,还要通过反馈从接受者那里获取反馈信息,以确认信息发出的准确无误和达到信息传递效果,这有助于信息传播者完善信息传播通道,以获得最佳信息传播效果。

2.传播学理论对历史教学的指导

根据传播学理论与相关观点,可以将教学过程的"教师传道授业解惑"过程看作是一个历史教学信息的传播过程。在历史课程教学中,教师是信息的传播者,学生是信息的接受者,历史课程教学内容即传播的信息。

传播学中的信息传播模型可以帮助教师明确教学内容这一信息在信息传播中的地位和实现教学信息有效传播,获得良好历史教学效果应完善的相关历史教学因素。

（四）社会学理论

1.社会学理论概述

社会学是研究各种社会现象、社会构成要素及其相互关系、社会环境、社会运动变化及社会发展规律的学科。

社会学用客观和系统的方法研究社会的体制、结构、政治与经济进程及不同群体或个人之间的互动关系，目的在于获得关于社会运行与发展的知识和理论，能更好、更有效的管理社会，促进人类社会持续发展。

2.历史学科与社会学科的关系

历史学科能揭示社会规律，通过史学展示历史发展的规律性，预示社会发展方向，能为社会中的人树立变革与发展信心，建立正确的世界观，把握社会发展规律，对未来的社会发展预见更加科学。

历史学科能为社会发展研究提供历史依据和可借鉴的经验。历史学科的基本任务之一是总结历史经验教训，避免后人重蹈覆辙，在社会实践中保持清醒、趋利避害、择善而从。

社会的发展受多种因素的影响，历史学科能为社会发展提供服务，历史学科所提供的历史事实与材料能为社会建设与发展服务。如为博物馆的陈列、文物搜集保护服务，为历史文学与影视作品服务，为国家政策的制定、军事战略的策划等提供历史依据。

历史学科和社会学科均具有教育功能。通过学习历史与社会知识，能够帮助人们形成民族认同感和自信力，健全人格，不断发展个人作为现代社会人才的素养。

二、现代中学历史教学的理念

（一）育人为先

在"立德树人"成为教育根本任务目标之下，《普通高中历史课程标准（2017年版）》颁布以来，关于如何贯彻和落实历史学科育人价值，逐渐成为一线历史教师关注的热点。历史教师组织和开展中学历史教学活动，要时刻认识"育人为先"是中学历史教育教学的根本任务，潜心历史学科育人价值的理论研究，并通过历史教学实践让"育人为先"的教学理念落地生根，培养出素质全面、品质优良、符合现代社会发展需求的人才。

历史教学具有多元育人价值,历史教师应该通过开展历史教学活动,切实发挥历史学科的育人价值,丰富学生历史知识和文化,提高学生的历史意识和民族文化认同,促进学生的德智体美劳等全面素质的发展,将每一个学生都培养成社会发展所需要的合格建设者与可靠接班人。

(二)以生为本

"以生为本"的历史教学理念是人本主义"全人教育"理念的具体体现。教育的根本目的在于开发潜能、完美人性、完善人格,使受教育者成为世界公民。关于教育的目标认识、共识:教学生"做人",教学生"做事";科学主义教育观——人的工具性:培养能适应科技和经济发展的人作为教育的根本目的;人本主义心理学的教育目的——人的完整性:使学生成为"学会如何学习的人"到"学会如何适应变化的人",从而成为能够适应社会要求的"充分发挥作用的人"①,最终达到自我实现的终极目标。

"以生为本"要求中学历史课程与教学应面向全体在校学生,并关注学生个体差异性,做到因材施教,培养学生的学习能力和创新意识,使他们都能达到课程标准所规定的学习目标。学生个体之间存在客观差异,如他们的年龄、性别、知识基础、认知能力、性格特征、行为、习惯、动机和学习需求、文化背景、家庭条件与氛围等各不相同,历史教学就是在面对具有不同特点的学生时,通过科学设计历史教学要素、环节与过程,赋予全体学生同等的学习历史的机会和爱心,使所有的学生都能达到历史教学课程标准所规定的学习目标。

在"以生为本"的历史教学理念指导下,教师应做到以下几点:①必须让学生成为历史学习的主体,关注学生的学习需求和学习体验。②尊重和信任每一个学生,给每一个学生提供同等的学习历史的机会,使所有学生都能在原有基础上有所提高与发展,并达到课程标准所规定的认识水平和知识水平。③建立符合学生学习特点和需要的、从学生的生活经验出发的课程体系,使学生在全面了解历史基础知识的基础上,可根据自己的兴趣选择不同课程模块进行更深入的学习,促进学生个性化发展。④因材施教,探究和掌握学生心理的个别差异,从学生实际出发,通过分层要求、指导、练习、评价、矫正等手段,使不同学生都学有所得。⑤在历史课程资源

---

① 岳欣云,董宏建.素养本位的教育:为何及何为[J].教育研究,2022,43(3):35-46.

的分配上体现"人人均等"的原则,不能人为拉大家庭条件优越的学生与家庭条件不好的学生获得历史学习资源的差别。⑥保证所有学生都有足够机会展示他们的历史学习成果。⑦客观全面评价学生,不对任何学生带有任何偏见。

(三)落实人文教育

在传统教育价值观指导下,历史教育注重社会功能,忽视育人功能,学校历史教育以知识为中心,学生为了分数而学习历史,历史教师为了升学而教历史。

在新课程背景下,历史教育的根本功能是育人,是促进学生身心和谐发展。在历史教学中,应重视从以下两个方面促进历史的育人功能的实现。

1.对学生进行人文素质培养和人文精神熏陶

掌握历史知识不是历史课程学习的唯一和最终目标,而是全面提高人文素养的基础和载体。教师应将人文精神渗透到历史新课程教学的实践中去,贯穿于整个历史教学过程的始终。

通过中学历史教学,使学生从历史的角度去了解和思考人与人、人与社会、人与自然的关系,关注中华民族乃至全人类的历史命运,弘扬爱国精神与民族精神,使学生形成开放的世界意识,形成正确的人生观、世界观以及价值观,将历史基础知识内化为学生对历史基础知识的感受、体验及感悟,并外显于行为上。

2.为社会培养合格的公民

以往传统教育中,我国历史教育承担的公民教育功能不够全面,包括中学教师群体在内的广大历史教师对历史教育与公民教育之间关系的关注也不够充分。

新时期,随着我国经济和社会的发展,对公民的素质也提出了越来越高的要求。历史教育应在对作为社会成员的人的培养方面关注人的教育;历史教育教学应加强对学生作为未来合格社会公民的教育,加强对学生的公民意识教育、思想政治、道德法制教育等,注重公民意识的培养,提高学生作为社会公民的素质。

第四节　中学历史教学的目标、任务

一、中学历史教学的目标

(一)历史教学的"三维目标"

由于"路径依赖",中学历史课程"三维目标"依然对当前的历史教学具有深刻影响力和指导力,因此,"三维目标"体系依然是教学设计中需要分析的内容之一。从横向维度审视历史教学目标的术语表达体系,具体划分为"知识与能力""过程与方法""情感态度与价值观",现简要分析如下。

1.知识与能力目标

"知识"与"能力"关系复杂,知识可外在于学生个体而独立存在,能力却必须依附于学生个体,并落实到教学实践中去。广义的历史知识学,包括知识与能力,也包括过程与方法、情感态度与价值观等内容。在历史教学中,历史事实、历史现象、历史现象背后的发展规律是不同类别与层级的知识,这些知识的掌握分别对应不同层级的思维活动,即学生的学习能力。

2.过程与方法目标

"过程与方法"既是手段,也是目标。中学历史教学过程中,学生掌握具体的历史知识需要一定的学习方式、方法、过程,历史学科的"过程与方法"目标具体指学生在学习历史的过程中获得的相对合理的、能解决历史问题的思维过程和思维方法。具体来说,"过程"指让学生经历和体验史实、解释与评价历史的程序;"方法"指掌握确认史实、解释与评价历史的思维方法。

3.情感态度与价值观目标

历史教学的"情感态度与价值观"目标指在课堂层面所确定的"情感态度与价值观"目标。

中学历史课程"三维目标"体系是开展中学历史教学必须遵循和达成的教学目标。中学历史教学应综合地挖掘、洞察与提炼上述"三维目标",

在此基础上,努力向培养学生的历史学科核心素养方向发展。"历史学科核心素养"理念的提出,对中学历史教师的教学设计能力和应对策略是一次挑战,优化历史教学设计、发展学生历史学科核心素养是《义务教育历史课程标准(2022年版)》的初衷和终极追求。

(二)历史教学的课堂目标

中学历史是中学阶段开设的一门专业学科课程教学,通过教学实践活动开展,旨在实现以下教学目的:①使学生掌握历史事实。②使学生了解民族地区民俗习惯与文化内涵。③使学生掌握历史规律和特点。④培养学生正确的历史观[1]。⑤提高学生的历史思维、分析能力,使学生学会辩证地观察、分析历史与现实问题。⑥使学生了解与认识历史学习的价值。⑦提高学生组织与开展历史教学与宣传相关活动的能力。⑧拓展学生学习和探究历史问题的空间。⑨使学生具有从事历史科研及相关工作的基本能力。⑩培养学生关注与积极参与历史活动的意识。⑪培养学生传承与发展优秀历史文化的能力。⑫使学生从历史中汲取智慧,养成现代公民应具备的健全人格和人文素养。⑬加深对祖国的热爱和对世界的了解,培养学生的爱国情怀和民族自豪感。

通过历史课的教学,可以提高学生对具体历史事件、历史人物的认知,并学会用历史的观点去判断与分析,历史教学的课堂教学目标实现的大都是微观的教学目标。上述历史教学目标更多的是需要长期的历史教学才能实现。

历史课程教学目标应将学生的历史知识的增长、历史文化素养的提高、历史道德品质的发展放在最为重要的位置上,这样既能够对学生的各项能力加以培养,同时还能很好地结合品德教育、知识教育、情感教育和人格教育。

二、中学历史教学的任务

(一)客观传播历史知识

在中学历史课程教学中,教师应通过古今中外的历史知识的教学,积

---

[1]丁继华.新时期高中历史学科教学统整的现实遵循及路径[J].教育理论与实践,2022,42(11):53-55.

极传播历史事实和历史文化知识,并使学生全面掌握这些知识。传播历史知识是中学历史教学的最基本的教学任务。

(二)促进学生健康发展

素质教育背景下促进学生的健康发展是各级学校各学科的重要教学任务。学生的健康发展是多方面的,包括身体、心理、社会性等多个方面。历史教学促进学生的健康发展主要体现在促进学生的心理健康发展和社会性健康发展两个方面。

1.调节心态,反思当下生活

首先,通过历史教学,对陶冶学生良好情操具有重要的作用,这也是历史课程教学的主要任务之一。学生在历史课程学习过程中,了解具体的历史人物与历史事件,能有所启发,教师通过历史教学,应能起到"鉴史"的作用,有助于学生从历史事件与生活中反思当下,改善心态,积极面对学习、生活。

2.丰富情感,完善自我人格

通过历史教学,师生通过多种教学组织形式和教学活动的开展,与历史进行对话,师生对于历史问题的思考与分析,有助于完善学生的思维与情感。很多历史事件的发生不可避免,一些历史人物的遭遇或进步思想都有其历史存在的必然性,受到历史发展的局限性的制约,对历史问题的思考,有助于丰富学生的情感,促进学生的人格发展,还能促进学生从历史人物的为人处世、性格特征中去学会自我人格的反思。

(三)发展学生历史思维

通过中学历史教学,不仅要为学生的升学服务,还要发展学生的历史思维,让学生树立正确的历史价值观,使学生学会客观看待历史人物与事件,树立正确的历史价值观。

在中学历史课程教学中,要通过学生对历史理论知识的学习,加深学生对历史知识、规律的把握,拓展学生的见识,使学生的历史知识不断加深和扩大,锻炼和培养学生学习和运用历史知识的能力,这是中学历史教学的一个重要任务。

学生学习历史,仅仅阅读历史文字、了解历史事件并不等于懂得了它们的历史意义,学生应能够根据历史材料或历史文本探究背景、立场、角色,对史料作深度解读与判断,追寻历史解释、理解的合理性,养成历史思维。

正如有学者曾说,"历史是写过去,但不是为写过去而写,而是为了今天和明天的公众而写"。中学历史教学活动的开展,应使学生树立正确的历史价值观,建立唯物主义历史思维与观念,能客观、公正、全面地看待历史与思考问题,吸取历史经验与教训,体会历史的伟大意义,体验人类历史的艰辛与成就,感悟人类文明的恢宏与精神理论的伟大,启迪学生运用历史思维与人类社会的发展展开畅想。

(四)提高学生思想道德

"明历史,知廉耻",学习历史,能培养学生良好的思想道德品质,历史具有良好的德育功能。在历史教学中,教师应深入挖掘历史教学的德育功能,促进学生的历史思想和历史道德的发展与提高。

在中学历史课程教学过程中,通过"监(鉴)前世之兴衰,考当今之得失,嘉善矜恶,取是舍非"(宋·司马光《资治通鉴》),来丰富学生的历史情感体验,让学生充分感受历史事件、历史精神、历史道德,培养学生良好的历史道德和社会道德。通过历史教学,增强学生的爱国意识,培养良好的个人品格,培养学生尊师重道、文明守礼的品行,使学生成为"社会的自觉的代言人"。

(五)传承优秀历史文化

人类社会的发展史,是人类不断创造文化、不断进行社会文明建设的过程,学习历史,不仅要了解和掌握历史事实、历史规律,还要学习人类历史发展过程中的各种民族文化,并重视对优秀的民族文化的传承。历史教学不仅是历史事实与过程的教学,也是文化的教育传承。

在中学历史教学中,教师不仅要将具体的历史事实客观地讲述、呈现给学生,还要将历史中的文化内容传递给学生。在中学历史教学中,教师要科学安排不同历史课内容之间的逻辑教学关系,可以把历史中不同事件、人物、国家、地区、民族之间发展的关系串联起来,通过历史文化发展宏图的构建,来了解整个人类历史的发展过程与规律,并对历史上的优秀文明与文化进行传播与传承。

在中学历史教学中,教师对历史文化的传授,或者说学生对历史文化的传承具有阶段性。包括历史在内的历史教学贯穿整个教育阶段,从小学一直到大学,各个阶段的历史教学中,教师对历史文化的传授重点、内容是不一样的,各阶段的历史文化应符合学生的认知范围,做到各个阶段历史文化传承的持续、不间断,以促进学生在各个阶段对历史文化的掌握与传承。这是历史教学在历史文化传播与传承中所发挥的重要作用,也是教师在历史教学中应该完成的重要教学任务。

(六)进行爱国主义教育

进行历史教育,优化中学历史课程设计与教学效果,应完成对学生进行爱国主义教育的任务。在中学历史教学中,教师应自觉对学生进行潜移默化的热爱祖国、热爱人民的教育,帮助学生树立为祖国的建设事业而献身的责任感,激发学生的自尊心与对祖国的自豪感,坚定学生对祖国前途的信心,这是每一个历史教师的教学职责所在,也是历史教师应该完成的教学任务。

第二章　中学历史教学主要方法

第一节　讲授法

一、讲授法的概念

讲授法是教师使用声情并茂的语言来讲述历史知识的一种方法。这种方法有利于让学生了解历史知识的过程与内容，是应用最为广泛的教学方法。在讲述历史知识的过程中，教师还可以培养中学生的观察能力、想象能力、记忆能力以及思维能力等，同时还可以通过教师的解释使学生的思想受到启发。因此，讲授法既可以用来传授新知，也可以用来复习旧知。一般而言，讲授法可以分为讲述法、讲解法和讲读法。讲述法，是指教师围绕教学目标，使用形象、生动的语言，讲授历史事件、人物活动等发生、发展的过程，从而帮助学生建构历史表象、开展思维活动、获得历史知识。讲解法是教师运用说明、分析、论证等方式对历史事实、历史概念、观点和规律等内容进行科学的阐释的一种教学方法。讲读法是学生阅读历史教科书，与教师的讲解相互进行的一种教学方法。

二、讲授法的优点

第一，讲授法有利于大幅度提高课堂教学的效果和效率。讲授法具有两个特殊的优点，即通俗化和直接性[1]。教师的讲授能使深奥、抽象的课本知识变成具体形象、浅显通俗的东西，从而排除学生对知识的神秘感和畏难情绪，使学习真正成为轻松的事情；讲授法采取定论的形式直接向学生传递知识，避免了认识过程中的许多不必要的曲折和困难。在现行的班级授课制里，采用讲授法能保证让大部分学生在短时间内学到数量最多的知识与技能。美国教育心理学家奥苏伯尔曾说："学生获取大量整体的学科

---

①余文森.试论讲授法的理论依据、功能及其局限[J].教育科学,1992(2):35-37,28.

知识,主要是通过有意义接受学习、设计适当的教材和讲授教学实现的。"

第二,讲授法有利于帮助学生全面、深刻、准确地掌握教材,促进学生学科能力的全面发展。教材是中学生学习知识的一个主要依据,但是,由于教材的编写要受到书面形式等因素的限制,对学生来说,不仅知识本身不易被读懂,其所潜藏的内涵更是不易被发现。而教师能够全面、准确地领会教材的编写意图,吃透教材,挖掘教材的深邃内涵。所以,借助教师的系统讲授和透彻分析,学生才能比较准确地掌握教材。

第三,讲授法有利于充分发挥教师自身的主导作用,使学生学到比教材多得多的知识。任何真正有效的讲授都必定是融入了教师自身的学识和修养的。所以,讲授对教师来说,不仅是知识方法的输出,也是内心世界的展现。它潜移默化地影响、感染、熏陶着学生的心灵。

第四,讲授法是其他教学方法的基础。从教的角度来看,任何方法都离不开教师的讲,其他各种方法在运用时都必须与教师的讲相结合,只有这样,其他各种方法才能充分发挥其价值。从学的角度来看,接受法也是学生学习的一种最基本的方法,其他各种学习方法的掌握大多建立在接受法的基础上。学生只有先学会听讲,才能潜移默化地把教师的教法内化为自己的学法,从而真正地学会学习,掌握各种方法。

三、讲授法的缺点与局限

第一,讲授法容易使学生产生"假知",从而导致知识与能力的脱节。教师运用讲授法,把现成的知识教给学生,往往会使学生产生一种错觉,即只要认真听讲就可以直接获得知识。然而,实际的情况是,学生听起来好像什么都明白,事后却又说不清,一遇到新问题就会手足无措。学生对于这种未经思考获得的知识掌握得并不好,更谈不上对其举一反三并加以迁移应用,从而促进能力的发展。事实上,学生对任何知识的真正掌握都必须建立在新旧知识的有机结合和自己的独立思考上。

第二,讲授法容易使学生产生依赖和期待心理,从而抑制了学生学习的独立性、主动性和创造性。讲授法源于传统的教师中心论,教师是知识的象征,一切知识得由教师传授给学生,所以这种方法在运用过程中也容易使教师产生重教轻学的思想。教师往往只考虑自己怎样才能讲得全面、细致、深刻、透彻,似乎只有这样,学生才能掌握得越多、越好。长此以往,师生会产生心理定式,学生也会在不知不觉间形成依赖心理,一切问题等待教师来讲解,严重地削弱了自身的学习主动性、独立性和创造性。

第三,讲授法难以估计学生的个体差异,难以实现因材施教。学生之间在心理特征、认知水平和知识水平等方面存在着很大的差异。教师在运用讲授法进行教学时,所采取的是一种集体教学的方式,这种方式忽略了教师无法观察到个别学生接受历史知识的困难这一现象。

第四,教师讲授与学生活动之间的矛盾。教师在课堂上实施过多的讲授会占用大量的课堂时间,这必然会减少学生的活动时间,而学生在课堂上的活动时间减少,势必会影响对学生探究能力的培养。

四、讲授法在中学历史教学中的运用策略

第一,教师需要正确处理教与学的关系。教师可以通过讲授法将自己想要表述的问题进行充分的阐述,这就使教师对于选择历史课堂的讲述内容与授课方式有了充分的主动权。即便再重视学生的主体作用,教师在教学中也发挥着无法替代的作用。教师的主导作用与学生的主体地位本身便是一对结合体,缺一不可。在一节历史课中,教师应该对如何更好地讲授本课的教学内容做到心中有数。例如,用什么方式进行教学、在讲授的过程中要求学生掌握的知识程度、用多长时间进行教学、用什么样的情感来进行教学,这些对于教师的文化修养与人文修养的要求很高,而教师也只有如此,才能够充分发挥主导作用。

第二,优化传统的讲授法。新课改理念的提出使传统的教学方法面临着巨大的挑战。历史教师身上的责任更重,为了改变落后的教学观念与教学方法,创新、变革、与时俱进已经成了现在的教育主流思想。在实际的教学之中,教师应该使用多媒体来辅助教学,这可以充实讲授的形式与内容,使讲授内容有着鲜活的意义,也能够收获更好的教学效果。

讲授法的基本载体便是教师的语言,教师对语言的表达与运用也直接决定着讲授法的实施质量。在教学中,教师与学生、教与学之间的信息传递主要是通过语言来进行的,学生对教材的理解与认识也是通过对实物、教具的观察以及通过阅读教材和教师的语言叙述所进行的学习与想象,这些都离不开教师的语言。因此,中学历史教师的语言占据着重要的地位。可以说,教师的语言能力也是能否上好一堂历史课的基本条件。在中学历

史课堂中,教师的语言需要达到以下四个要求。

第一,要有历史时代感。历史教师的语言主要是为了表达具体的历史内容,而为了让学生感受到真实的历史,教师的语言就必须要与具体的历史时代特征相契合,并且要善于根据不同历史时期的政治、经济、文化、民情、风俗等,使用独具特色的历史语言进行教学。那么,教师如何才能够保证自己的语言具有鲜明的历史特色呢? 首先,教师要准确地使用历史概念,不应该将历史上的具体概念与现在的概念混淆在一起。比如,有的教师会将赋税说成交公粮,由于表述的不同,学生对这个词的理解也就出现了偏差。其次,教师要恰当使用原始材料。比如,史书的记载、历史人物的原话、历史上的诗词歌赋等,可以增强历史的真实感。再次,教师不应该使用现代的术语来讲解历史。比如,有的教师将秦朝的御史大夫的职能说成是"看哪个当官的违法乱纪、腐化堕落,就报告给皇帝",但是这种现代化的说法并不准确、贴切,不适于讲授历史知识。为了使教师的语言具有历史特色,教师应该认真准备,并且要注意在平时积累史料,使其不断地融合在自己的教学语言之中。

第二,教学语言要准确规范,保证教学语言的科学性。如果教师的教学语言不够准确的话,学生就很可能会学得茫然,对所学的知识比较模糊,而且教师语言的不规范也会影响教学内容的表达。《学记》中所说的"其言也,约而达,微尔藏,罕譬而喻",就是要求教师的话语既要做到准确规范,又要做到清楚明白。教师在讲授史实、结论、概念的时候,要有逻辑性,要克服自相矛盾与模棱两可的问题。

第三,教师的语言要通俗易懂。教师语言通俗易懂,可以使学生更好地接受教师所表达的内容。虽然教师的语言要具备历史特色,但是不能生涩隐晦,也不能过于高深。教师应该使用通俗易懂的语言进行授课,特别是在教授心智发育还不成熟的初中生时更应如此。这就要求教师要多用口语,少用书面语言。因为书面语言虽然比较严谨,但是不够活泼通俗,所以如果教师完全按照教科书进行授课,那么就会像背书一样,学生听起来也昏昏欲睡。另外,教师要尽可能使用浅显、贴切的语言来解释一些理解难度较高的历史概念。比如,对于清朝的总督的定义,如果教师可以解释为"总督是清朝的最高地方长官,管理一省或二三省的军民要政",那么学生便可以明白总督的地位与作用。为了保证自己的语言是深入浅出的,教师在必要的时候可以使用贴切的比喻进行说明。另外,教师要尽可能地少用一些堆砌的词语进行授课,否则很可能会出现言之无物的局面。

第四,教师的语言要生动形象。教师的语言表述应该符合教学的直观性原则。教师应该善于运用生动形象、有趣逼真的教学语言来讲述具体的历史知识,这可以使学生获得身临其境之感,也能够激发出学生的想象,使其对所学知识留下深刻的印象。历史教师应该巧妙地运用语言艺术,将一些深奥、枯燥的事理形象化、具体化,将抽象的观点具体化,再现久远的历史事实。从内容上来说,教师的教学要使用通俗、灵活的语言来说明主题;从形式上来说,教师的教学语言要注意语言艺术,即正确掌握语气、语调、语速,使其起伏适当、抑扬顿挫。

总而言之,历史教师应该具备高超的语言修养与语言艺术。每一个历史教师都要注重提高自身对教学语言的理解感受、运用表达、自我调剂等能力,才能够灵活使用各种教学方法,从而提高教学质量。

第二节　图示法

一、图示法的概念

图示法,也可以称作信号法或图文示意法。图示法是以符号、文字、色块组成的图示来表示历史知识的内在逻辑关系的一种方法。教师可以通过图示法把教学的重点知识进行重新编排处理,以使有关的历史信息可以更加鲜明简要,知识之间的层次与关系更加分明。历史教材所涉及的人和事很多,头绪很复杂,信息量也相当大,因此,历史教师应对历史信息进行提炼、浓缩、概括集成等加工处理,取其"纲要信息",用简练的语言文字或图示图表传递给学生。图示法通过以图示意、以表解意,并利用各种简明的符号和浓缩的文字,构成清晰美观、通俗易懂的图形表格样式,以表述各种概念,它是反映知识之间的联系的一种教学方法[①]。将图示法引进历史教学,不仅丰富了历史教学方法,也提高了历史教学质量。图表优于文字,它形象具体、简洁明了,不需要更多的语言文字说明,使人一看便知。

[①]刘红.概念图示在初中历史课堂上的运用研究[D].福州:福建师范大学,2017:9-12.

将图示法充分运用到历史教学中去,能提高学生的学习效率,能起到文字所不能起到的作用。它既可以形成知识的整体结构感,又可以加深对历史知识发展线索的理解,还可以培养学生的综合归纳能力,帮助学生形成正确的历史要领,不断提高学生的历史思维能力。

图示法在中学历史教学中的优点包括以下四个方面:第一,简化教材,纲举目张。教师在讲授新课时运用图示法,可以让学生对历史知识有一个立体的认识,充分感知课本教材,使学生对知识之间的联系有深刻的认识,形成一个较为系统完整的知识体系,从而起到简化教材,即用简明的符号代替冗长的语言的作用。第二,知识整理,集零为整。学生在学习历史知识的过程中,如果不能将平时学到的点滴知识构成一个系统的话,其用处就不明显,而一旦通过综合性整理变得系统化,它们就非常有用了。在历史教学和复习中合理利用图示法,可以强调历史知识的整体结构,突出历史概念的纵横联系,还可以发挥图表直观鲜明、简约的重要特征。第三,纵横比较,理清脉络。任何历史现象都不是孤立的,而是互相联系的,或左右相承,或左右相关。通过纵向和横向的联系比较,可以把大量分散的、相对孤立的历史事实和历史概念纳入完整的学科知识体系之中,并抽象概括出阶段特征。第四,宏观认知,完整体系。例如,在讲授世界近代史时,应该首先让学生掌握总体知识结构及线索:世界近代史是资本主义产生发展,并逐步形成世界体系向帝国主义过渡的历史;它始于1640年的英国资产阶级革命,止于1917年的俄国十月革命,其中,1870—1917年是自由资本主义向垄断资本主义过渡的阶段,主要资本主义国家先后进入帝国主义。整个世界近代史的发展共有三条线索(资本主义的发展史、国际工人运动和社会主义运动史、民族解放运动史)和四对矛盾(资本主义同封建主义的矛盾、无产阶级同资产阶级的矛盾、资本主义国家同殖民地半殖民地的矛盾、资本主义列强之间的矛盾)。教师应据此指导学生阅读教材目录和年表,进一步丰富、充实刚刚获得的感性认识,形成总体知识结构。接下来对每一条线索的内容进行概述,并进一步充实总体结构。

二、图示法在中学历史教学中的运用策略

图示法在中学历史教学中有着比较独特的优势:图示法能够在较短的时间内向中学生提供一个比较完整的历史结构。这个结构是十分简明、形

象、系统的,它能够调动中学生的感官能力,并且可以加强中学生对历史知识的记忆,激发中学生的历史学习兴趣。

(一)图示法的教学步骤

在历史课堂上,图示法的教学步骤主要有:①教师根据教学目标进行生动形象的描述;②教师要展示图示,简明扼要地根据图示介绍历史内容,对图示的思维路线进行强调;③教师讲解完毕后,中学生抄录图示;④课堂小结时,中学生可以根据图示,回忆主要的历史教学内容,并对这些历史知识进行巩固。教师在设计图示时,必须具有科学性和简洁性,从而保证这个图示能够说明比较复杂的历史问题和历史现象。

新课程的历史教科书知识容量大、时间跨度长,且又较为深奥复杂,因此,要让学生在听完教师讲解后全部搞清楚是相当困难的。如果教师在讲述历史知识时,能利用图示进行教学,就能使复杂的知识精简化,把烦琐的知识提纲挈领,高度概括地揭示事件的要点,突显精华,把知识的内在联系通过巧妙的结构安排体现出来。

(二)运用图示法时的注意事项

第一,图示设计要简明、形象、科学。图示是对复杂的历史内容的高度概括、提炼,图示可以起到"信号示意"的作用。根据不同的角度,可以将一个历史概念设计出不同的图示,教师应该选择最简明、实用的图示,发展中学生的概括能力、形象思维以及抽象思维的能力。

第二,教师使用的图示符号与格式等应该实现统一,这样便于中学生阅读。

第三,应该将图示法与讲授法结合在一起。图示是对历史内容的概括和提炼,不能代替教师的讲授,所以图示法应该与讲授法配合使用,作为一种辅助的教学手段进行教学。教师只有把图示法和讲授法有机地结合在一起,才能取得良好的图示效果。

第四,使用图示法时应该注意内容的准确性,防止使用错误知识,令学生发生知识混淆和认知错误。

第五,图示使用要适量。历史学习应该是逻辑思维和形象思维的辩证统一。图示旨在表现历史内容的逻辑联系,这就有可能使一些与图示关系不大或者无关的历史知识被漏掉,造成知识的空缺。如果教师在设计图示时,忽略了学生的实际接受能力和所教内容的特点,只贪图形式新颖,在黑板上摆出了一堆图和框,结果不但不能帮助学生掌握历史知识的内涵,反而会使学生越学越糊涂,使原本抽象的知识更加抽象。若只让学生得到图示上的几个干巴巴的线索、结论,则不符合历史教学的要求。所以,教师必须兼顾教学内容的特点和学生的实际,在使用时应该适量适时,同时与其他教学方法有机结合,吸取传统教法中的启发性、生动性、量力性和历史美等原则的精华,使学生在丰富的历史知识中受到启发,上升到理性认识,得到美的享受。

第三节 讨论法

一、讨论法的概念

讨论法是一种传统的教学方法,是指在教师的引导组织、参与下,由两个或两个以上的学生组成小组,然后就某一个历史问题进行分享与讨论;在这个小组活动中,学生之间就这个历史问题的解决方法可以进行相互批判,通过辩证与分析获取知识,形成历史认知。讨论的目的主要包括四个方面:①讨论法可以帮助参与讨论的学生对正在思考的论题形成更加具有批判性的理解;②讨论法可以提高学生的自我意识以及自我批判的能力;③讨论法可以培养参与讨论的学生对不断出现的不同观点进行正确批判的能力;④讨论法帮助参与讨论的学生理解外界世界的变化。讨论是实现学生互帮互助、培养学生情感和发展技能的重要手段,教师只有满足以上这几个要求,才能够真正实现民主和谐的历史教学。

二、讨论法在中学历史教学中的应用

现在有很多历史认识与见解没有形成统一的定论,培养学生的历史思维能力也成了中学历史教学的一个重要目标。教师应该让学生在具体的知识情境中,认真辨析历史史料以及各家观点,使其形成自己的历史认知。在历史教学中适当应用讨论法,有利于确定以学生为本的教学观念,激发学生学习历史的兴趣,并且不断培养与提高学生的口语表达能力与独立思维能力。根据不同的分类标准,讨论法有不同的类型①。从内容上来说,历史课的讨论法有两种:一是在讲授新课的过程中,教师组织学生对教学重点和难点知识进行的讨论活动;二是实地调查或参观访问后,教师组织学生就调查访问中的新发现、新问题进行的讨论。从形式上来说,历史课堂的讨论法有:一是全体学生都参与进来的班级集体讨论,这种讨论方式比较适用于人数少、学生素质接近的小班教学;二是小组讨论,教师将全班学生分成不同的小组,使其以小组的形式参与讨论,这是最常见的讨论形式。有研究表明,如果一个小组内部的人数过多,便会降低学习质量,所以每组 5~8 人是最为适宜的。另外要注意的是,如果小组成员的个性比较接近,关系又比较亲密,他们就很可能在讨论中展开与教学活动无关的活动,导致讨论效果欠佳。而当学生的性格差异较大时,虽然他们很难形成牢固的小组关系,但是对于一些理解与综合性质较高的题目,讨论效果较好。除此之外,小组领导者对于小组讨论结果有着十分重要的影响,教师可以让小组自选,也可以由教师推荐,师生共同协商决定。在讨论中,教师的主要职责是负责指导、组织与提供信息,做好课堂小结,同时可以适度参与讨论。

三、使用讨论法时的注意事项

教师在使用讨论法的时候,要留意下面几个注意事项,只有如此才能够保证讨论法的顺利实施。

第一,师生应该做好充分的讨论准备。在开始讨论前,教师作为讨论的设计者和指导者,要设计好讨论的题目,也要想好在讨论过程中可能会出现的突发情况,做好周全的准备。教师应该帮助学生做好讨论前的准备工作,要求学生提前预习要讨论的内容,做好准备工作,查找与讨论问题相关的课外参考资料,提前准备好关于讨论主题的发言稿。

第二,教师是学生讨论的引导者和组织者。教师在讨论时不可以把自己的观点与看法强加给学生,而是要启发、引导学生对这些问题的积极思考,并且鼓励学生踊跃发言。教师还应该让每个学生都参与到讨论中。另外,教师还应该控制好讨论的范围、时间和课堂气氛,避免中学生在讨论

---

①白璐,佟玉英.课程思政理论下高中历史教学改革[J].黑龙江教师发展学院学报,2021,40(5):77-79.

过程中出现跑题、离题的情况,控制好课堂的讨论气氛,可以帮助学生积极地进行讨论,防止浪费课堂时间,避免讨论流于形式或者散漫无序。

第三,教师要提高组织讨论的能力。教师利用讨论法获得良好的教学效果的前提和保证是善于设计问题、解答问题、组织发言等。

第四节　探究教学法

一、探究教学法的定义

斯坦福大学保罗·戈斯汀教授说过:"大量调查显示,很多学生十分熟练地掌握了复杂的常规技能……很多学生已经拥有了大量的详细的知识……但当向他们提出简单的探索性问题以检验内容掌握的程度时,很多学生都无法证明他们已经理解了所学的内容,学生因为接受教育而转变固有观念是'较为少见、难以为继且局限于特定情境的事件'。"

美国国家科学教育标准认为,探究是多层面的活动,包括观察,提出问题,通过浏览书籍和其他信息资源发现什么是已经知道的结论并制订调查研究计划,根据实验证据对已有的结论作出评价,用工具收集、分析、解释数据,提出解答、解释和预测以及交流结果[1]。探究要求确定假设,进行批判的和逻辑的思考,并且考虑其他可以替代的解释。上海市教育科学研究院智力开发研究所的陆璟认为,探究性学习指的是仿照科学研究的过程来学习科学内容,从而在掌握科学内容的同时,体验、理解和应用科学研究方法,掌握科研能力的一种学习方法。探究法,是指教师要善于从情境之中提取问题,催生出学生的好奇心与探究欲,引导学生主动挑战问题,从而使其主动学习、主动思考,并在这个过程中习得历史知识,同时能够提升自己的学习能力,加深情感认知。

二、探究教学法的类型

一般而言,学生的学习行为可以分为接受学习与发现学习。那么,围绕着学生的学习活动,教学形式主要可以分为两类:一种是以教师为中心

---

[1] 马泽林.浅谈新课程标准下的高中语文教学[J].文学教育(上),2020(8):82-83.

的直接教学样式;一种是以学生为中心的间接教学样式。直接教学就是以教师为中心的教学,教学的内容、技能、进度等都是由教师掌控的,课堂教学也是为了传播知识而展开的。间接教学是以学生为中心的教学,主要是通过学生的探究、自主、合作等学习方式来进行的教学形式,允许学生选择学习经验的形式与材料,所以也被称为"非指导发现学习"。

有意义的探究式教学有着几个突出的特点:教师不再局限于对课本的结构、层次、线索等的一般梳理,不再以照本宣科的方式进行教学,而是创新性地整合教材内容,使历史课堂更加符合中学生的学习需要,从而使他们更高效地学习历史。"学生的学习过程不仅是一个接受知识的过程,也是一个发现问题、分析问题、解决问题的过程。这个过程一方面是暴露学生产生各种疑问、困难、障碍和矛盾的过程,另一方面是展示学生发展聪明才智、形成独特个性与创新成果的过程。"①而探究式教学模式下的学习活动是学生主动学习的行为,是组织与重新组织认知结构的过程。在这个过程中,学生的学习经历、体验等十分重要,这也是学生自我认识、自我发现、自我探索的基础。

根据课堂的探究教学形式来说,探究式教学法可以分为指导性探究与开放性探究。指导性探究是指探究是在教师的指导之下,教师要为学生提供信息数据,向学生提问,帮助学生总结与归纳出问题的办法。开放性探究是指由学生提出解决问题的办法,搜集数据资料,进而得出结论。在开放式探究法下,学生有着更多的自主权,同时也要为自身的学习活动担负更多的责任。指导性探究与开放性探究的主要区别在于:教师在教学中的介入程度不同,资料的收集者与提供者不同。在指导性探究活动中,教师是材料的提供者;在开放性探究活动中,学生是收集资料的主动者。

一般来说,中学历史课堂中的探究教学法的操作程序是这样的:师生确定探究问题—形成假设—设计探究方案—收集资料—分析与解释信息资料—验证假设或作出解释—师生、生生交流信息与结论—得出结论。为了保证探究式教学法在中学历史课堂中的有效应用,教师所提供的资料一定要足够全面。如果教师在教学中提供的资料过于单一、片面,那么学生是不可能通过探究形成正确的认识的,因为历史资料只是推理的证据,而不是历史。教师应该将这些历史资料放在具体的历史背景下,并且让学生

---

① 杰罗姆·布鲁纳.布鲁纳教育文化观[M].北京:首都师范大学出版社,2011.06.

学会如何使用这些资料。

另外,发现问题往往比解决问题更加重要,要想让中学生发现问题,他们就必须参与到收集、探究资料的过程之中。大多数情况下,历史课堂都是由教师提供某些资料数据的,学生几乎从未自行收集过资料,所以这只是一种指导性探究活动。在开放性探究活动中,学生能够决定自己的学习方向,并且通过一些值得探究的历史问题进行设计、假设,然后从事收集资料、分析信息等活动并从中得出结论。在这个过程中,收集与分析资料显得十分重要,同时这也是培养学生的创新思维与解决问题能力的关键步骤。在收集与分析信息活动结束之后,教师还应该让学生汇报调查结果,以便在课堂上进行讨论,共享信息。显而易见,开放性探究活动对学生的批判性思维与归纳分析能力的要求更高。开放性探究要求教师根据教学要求,灵活确定学生的自主探究方向,并且将学生分成不同的探究小组,然后让学生通过探究小组的合作,从事收集信息、分析问题等活动,使其尝试并体验解决问题的过程,最终形成具体的结论。这个结论可以是解决问题的具体办法,也可以是对问题的概括与说明。这种探究教学法对教师的要求较高,教师的作用是为了辅助、指导学生,促使学生的探究活动变得更加容易。教师应该为学生提供探究材料所需要的网址、参考书、光盘等,并且为每个小组发一份评估表,以便对学生的自主探究行为与结果进行评定。教师应该鼓励每个小组成员都能够参与到探究工作中,监视小组工作的具体进展,观察是否有学生没有办法解决的问题,及时提醒学生与其他成员进行交流与讨论。另外,教师也应该为学生提供学习提示,如教师自己的研究提纲,让学生进行学习模仿。

实践研究表明,指导性探究更适用于学习概念原理,开放性探究更有利于培养学生的探究能力,教师应该根据具体的情况灵活选择相应的探究类型。

三、探究教学法在中学历史教学中的应用策略

(一)探究教学法的应用步骤

要想解决问题探究法中的问题,教师就需要不断更新教学理念,调整自身的教学策略和教学方法,真正让学生能够通过探究来获得发展。总体来说,教师可以从以下几个方面来把握问题探究法的教学。

1. 提出问题

问题是问题探究法的起点,在提出问题的时候,教师要考虑学生的"最近发展区",只有符合这一特点的问题,才能够在学生的新知识和原有知识之间建立认知冲突,从而使学生进入"心愤而口悱"的状态。问题的难度要大于学生的个人学习能力,这可以促进合作探究的实现;问题要通过学生的合作探究得出答案,保证小组合作教学的成功。一个有价值的问题可以引发全体学生的探究欲望,这是蕴含着不解、猜测以及思维的活动。而探究欲望可以让历史课堂"动"起来,体现师生教学的活力。

2. 作出假设

假设是一种猜想,是对问题的答案或结论的推测,这可以为学生解决问题指明方向,也是问题探究法的基本环节。假设除了包含直觉的判断之外,还包括理性的思考,它是学生展开有效探究活动的开端。假设与猜想,可以让学生将事情的来龙去脉掌握清楚,能够大大提高学生的抽象概括能力、直觉思维能力等。

3. 亲身体验

探究学习,强调的便是学生的亲身体验与感悟。在探究中,学生亲身经历提出问题、提出假设、提出推断、进行检验、小组交流、教学评价等多个环节,展开有效的分析、综合、比较、抽象、概括等活动,能够建立起真实而丰富的认知体验,从而深刻认知相关知识。

4. 提炼学习规律

探究学习的价值,并非只是为了解决具体问题,而是希望学生能够在探究中获得发展。而最重要的一点是学生要学会提炼认知规律,教师要指导学生在新知识与原有知识之间建立联系,并进行归纳、整合,从而注意规律的特性,使隐性规律显性化,从而拓展探究成果。

(二)探究教学法的应用策略

1. 确定探究教学目标

历史探究教学目标有层次与类型的差异之分,要在一堂课或者是一次探究活动中实现所有的教学目标是不可能的。历史探究学习主要是培养学生运用所学知识解决新问题的能力,要求达到下面几个能力目标:认识猜想与假设在探究中的重要性;学会收集材料、分析材料,并利用这些材料解决问题;能分析假设与探究结合之间的差异,解决探究中未解决的矛盾,并且改进探究方案;能从历史现象中发现问题与解决问题,提高相关能力;了解并掌握历史探究方法;学会与他人进行分享与合作;理解"史论结合""论从史出",并且使用史料进行推理;准确表达自己的观点,并且为自己的观点提供有力的证据;等等。

在设计历史探究目标的时候,教师要根据学生的具体特点,考虑教学大纲以及具体的教学内容,由浅入深、循序渐进地展开探究活动。教师可以根据历史课程标准、历史教科书以及教学资料等多种教学资源,设计出一个合理的、科学的探究教学目标,并且考虑学生的认知水平与学习能力,使教学目标成为具体的、可以在学生的探究活动之后达到的学习目标。

2.设计探究内容

历史课堂的探究内容应该根据教科书中一些具有争议性的问题、学生的学习难点、历史发展客观规律等问题展开探究,这些内容一般都与教学的重点内容有着十分紧密的联系。在选择探究内容的时候,教师应该坚持适度原则,难易程度与探究时长都应该做到适度。教师所选择的探究内容应该符合学生的"最近发展区"的水平,保证中学生在历史课堂中一直处于积极的探究状态,并且要优先考虑教学的重点内容,也要适当为学生提供能够拓宽他们的学习深度与广度的学习资料。

3.选择探究教学资源

历史课堂的探究教学主要是围绕探究问题,并且以史料阅读与批评为主的教学方法,整个过程是收集、鉴别分析与形成结论的过程。历史资料在探究教学中的地位不可替代,是保证整个探究活动的效率与质量的基本因素。因此,教师必须重视对探究资源的选择,实践史料的多样化、典型化、矛盾化。如果教师能够为中学生提供具有矛盾性的历史材料,就能够让他们产生认知冲突,也能够激发他们的探究热情,从而使其更好地理解历史的价值。

4.选择教学策略

设计与选择教学策略的目的是为了实现探究教学的最优化。一般来说,教师在历史探究活动中可以考虑六个教学策略。

第一，时间策略。教师在制定教学策略的时候，一定要考虑教学时间与教学效率。优良的教学策略具有高效低耗的特点，在规定的时间内，学生的整个学习情绪十分愉悦、积极，同时也能有很好的收获。另外，要想顺利完成历史探究任务，教师还应该精心安排教学时间，如问题形成时间、学生分组时间、任务分配时间、学生探究时间、展示时间。同时，教师也应该把握课堂的教学节奏，估算每个教学环节所需要花费的时间，预料学生可能出现的问题，制订应急方案，让学生清楚地掌握学习目标，进而减少时间的消耗，为学生留出充足的探究时间。

第二，选择探究形式。教师在展开探究教学之前，首先要明确的便是探究学习的形式。历史探究的形式包括：课内探究、课外探究；独立探究、小组合作探究；师生合作探究、讨论式探究；等等，教师应该根据具体的教学需要进行选择。

第三，分组策略。在展开小组合作探究活动的时候，教师应该按照班级的学生人数、学生认知等进行合理的分组，一般是每组5～8人。因为人数太多就会难以组织，影响讨论效果；人数过低，则难以进行讨论。在分组的时候，教师要坚持"组内异质，组间同质"的原则，每个小组内部的水平是大致相等的，小组内部的学生也应该在性别、能力、个性等方面存在区别。另外，教师还应该帮助每个小组明确小组合作的基本原则，帮助他们设定小组学习目标，明确小组成员职责。

第四，设计问题策略。探究问题要尽可能地激发出中学生主动探究的兴趣与欲望，并且要有利于培养他们的发散思维。历史教学中的问题可以分为封闭式与开放式，其中探究问题属于开放式问题，没有固定的答案，也没有唯一的结论。因为只有在结论不明确的时候，学生才会产生弄清事情真相的欲望，进而主动寻求问题答案。因此，这种方式有利于开发学生的思路与视野。而封闭式问题有着明确的结论，会限制学生的思维，整个活动的探究意义不明显。除此之外，探究问题还应该具备一定的挑战性，因为如果学生没有经过太多思维活动就找到问题答案的话，也无法达到探究目的。

第五，环境设计策略。融洽的课堂气氛是探究教学的重要条件，这是因为学生只有在民主、轻松的课堂氛围中才会进行独立探究，并且勇于发表自己的见解，才能够实现自主探究与自由创造。因此，教师必须为学生创设一个民主、平等、开放的学习环境。

第六，预设策略。教师应该提前预想在探究教学中可能出现的问题，从而做好准备工作。比如，教师在设置问题情境时，要考虑这个情境能否激发学生的学习兴趣，如果不能的话，应该采取哪些补救措施；当学生的假设与真实结果之间的偏差过大的时候，教师应该怎样指导；在学生验证假设的过程中，史料不够充足的时候，教师应该如何解决。教师应该反复揣摩教学的各个步骤，设计清晰的探究流程与类型，宏观把控整个课堂教学。

（三）探究教学法的应用注意事项

第一，教师要以探究问题为目的。历史探究教学的真正意义在于教师要促使学生主动发现问题、分析问题与解决问题。

第二，教师要以训练学生的思维为核心内容。由于每个人都是不同的，每个学生对历史的认识也是不同的，所以探究历史问题并不是为了寻求一个固定的答案，而是教师要指导中学生利用历史资料，分析历史事件的因果关系，从而训练与提高学生的思维水平，培养他们的历史思维意识。

第三，以学生的自主学习为形式。只有让学生积极、主动地探究历史知识，才能保证探究教学法在历史课堂中的真正应用，才能提高学生的理解能力、创造能力等。

第四，教师要以运用史料为条件。中学生认识历史的途径是历史资料，他们获取历史资料的过程也是掌握历史学习方法的过程。在历史课堂中展开探究教学法就是指让学生收集、整理、辨析、推论历史资料，并且将其当作探究论据，以此来解决历史问题。因此，整个历史探究过程都需要历史资料的支持与运用。教师所选择的探究材料要对学生有足够的吸引力，同时还应满足不同层次的学生的学习需要。另外，教师所选择的材料应留有余地，即具有开放性，鼓励学生从不同的角度进行探究。

第五，教师发挥指导作用。历史探究学习是一种能够充分发挥学生学习的积极性、主动性和自主性的学习过程，学生需要的是教师的指导与帮助，教师的职责是为学生提供帮助。在探究式教学活动中，教师不能干涉学生的学习思路，而要鼓励学生主动发言。

第五节　情境教学法

一、情境教学法的定义

情境教学法是教师根据教学目标以及教学内容的需要,借助一定的教学手段,模拟创设场景或情境,让学生可以融入情境进行教学体验,并且可以围绕具体的教学材料展开积极的思维活动,可以培养与发展学生思维能力的一种教学方法。历史情境教学法是指历史教师根据历史的过去性、复杂性、社会性等特点在教学过程中综合运用多种教学手段,积极创设历史情境,将历史"复原",使那些久远的、陌生的历史"重现"在学生面前[①],以鲜明的导向烘托气氛、营造情境,寓教于"情"于"境",使学生在身临其境、心感其情的状态中达到主动学习历史知识,提高分析解决问题的能力,提高思想觉悟的一种教学方法。

情境教学法以历史教学内容为依托,以教学目标为导向,以教师为主导,以学生为主角,综合运用形象讲述、实物展示图像再现情境创设、课外模拟等多种教学手段,把枯燥、干瘪、抽象的知识变成一幅幅真实的、有血有肉的历史画卷,活灵活现地展现在学生面前,使学生在"耳濡目染"的历史事实中,加快接受速度,对史实掌握得更深刻、更透彻、更准确,在直观感性的基础上易于培养抽象思维、逻辑思维,灵活地运用知识分析材料,归纳、提炼观点的能力,即在思维上由形象思维向逻辑思维转化,在智能上由掌握知识向创新知识转化。同时,能激发学生的学习动机和求知欲,培养学生具有实事求是、独立思考、勇于创新的科学精神,促进非智力因素的发展。学生在"当时"的历史氛围中,将主观情感移入认识对象中去,能达到主动体验历史的目的,增强识别美丑的能力,客观评价历史事实,培养爱国主义的真挚感情,树立为真理而献身的精神。

二、情境教学法在中学历史教学中的应用策略

"论从史出"一直都是学习历史的基本方法与原则,历史教师更应该从

① 黄永章.论情境教学法在中学历史教学中的应用[J].科技创新导报,2011(13):178-179.

浩瀚如海的历史资料中挑选出符合具体教学需要的资源,这也是每个教师的基本技能之一。在历史教学中,教师要善于使用文字、图片等多种历史资料,帮助学生还原历史事物的发生情境,让学生能够身临其境,设身处地地思考历史问题。

历史研究的主要特点是参与研究的所有人员不能直接接触、观察具体现象,必须通过史料来认识客观历史。因此,史料是中学生学习与研究历史的重要依据,而学好历史的前提也必须建立在真实、全面、充足的史料之上。要想保证历史教学的科学性、真实性,教师也必须从史料出发。

(一)史料的特点

第一,多样性、复杂性。史料是人类根据自己的社会实践活动,并在这些活动中保存下来的实物、文字等多种资源。具体可以分为文献、档案、报刊、回忆录、前人著述、声像资料、遗址遗迹、器物、口碑资料、乡例民俗等。人类自诞生以来,就创造了丰富的物质财富与文化财富,尤其是近现代以来,随着报刊业的发展,报刊文献等极为丰富,这大大丰富了史料资源,同时,也为教师选择合适的史料增加了一定的困难。

第二,主观性。历史主要有两层含义:一个是人类的往事;一个是对这些往事的记述与研究。历史上发生的事实都是客观存在的,这是对历史含义的第一层探讨。从历史的第二层含义分析,历史也具有主观性。因为历史文献、史料等都是前人的经历与传闻,或者是他们对所见到的史籍、档案的引用、评析、解释等,而这些或多或少都会包含记录者、著史者的个人感情与主观见解。因此,从本质上来说,史料中包含着一些主观内容,这自然就无法避免错误的生成。

第三,史料的模糊性。有些史料所反映的信息并不连贯,是一些单独的历史片段,并不能直接、全面地反映历史活动与意识活动,所以教师需要利用一些比较系统的文献史料来认识这段历史。四川师范大学吴达德教授说过:"如果离开文献史料的帮助,我们往往难以辨识遗物或文物的作者及有关人物,无法界定它是什么历史时期的产物,甚至无法破译它所反映的历史事件,无法弄清它与什么历史事实相关联等。"

第四,残缺性,有限性。虽然人类有着五千多年的文明发展史,但是历史的原貌无比丰富、多彩,人类是无法全面记录的。因此,史料也并非全部是真实可靠的,史料记录者也不可能事事亲历,甚至有些史料是他们听到的传闻。而且,在保管史料的时候,人们需要屡次传抄,这容易造成文字的讹衍、缺、脱。另外,编纂者与统治者也会由于某些原因伪造、篡改、损毁一些史料,造成史料的残缺。这就使得许多历史事件、历史人物的真实面貌变得更加扑朔迷离。

(二)收集史料的方法

第一,检索法,即利用各种文献检索工具搜集史料。文献检索工具有辞典、类书、政书、书目索引、年鉴、电子检索软件等。检索工具是专门指明文献的出处和内容线索的工具书,主要有书目、文献、索引三类。在利用检索法的时候,可以使用顺查法、逆查法和抽查法。顺查法就是根据检索内容的要求,分析所要查找资料的起止年份,利用检索工具由远到近地逐年查找;逆查法就是由近到远地进行回溯查找;抽查法就是针对学科发展的特点,选择若干年份逐年检索文献。人们在使用检索法的时候还可能用到一些检索途径。其中,利用目录、版本和史书辨伪是最重要的收集史料的方法,尤其是在学习历史的时候常常会阅读大量的史书典籍,这也需要人们利用检索法来查找最合适的书籍。

第二,追溯法。追溯法也被称为参考文件查找法,即利用某个文章或专著末尾的参考文献,追踪查找相关文献,进而再查找一些新的参考文献。这种方法不需要具体的检索工具,操作起来比较容易,所以是一种最常用、最实用的方法。

第三,专家咨询法。专家咨询法是向熟悉的专家说明自己所需要的文献资料,在他们的帮助下收集信息。

第四,网络搜集法。上网搜索是人们在搜集资料的时候最常用的一种搜索方式,但是网上的资源良莠不齐,需要人们仔细辨别这些信息的真伪。

(三)分析与整理历史资料

第一,整理。在查阅到具体的文献以后,教师可以将这些文献进行摘录,如标明出处,包含书名与论文题目、作者、出版单位、版本等,然后按照顺序进行排列与归类。首先,教师要筛选史料。教师应该将自己收集的文献分为必用、可用、备用、不用几个部分,以保证史料的质量。其次,教师要摘录有用的信息,即教师应该摘录文献中的精彩之处,以便日后引证。

再次,教师要进行提要,即面对一些过于繁杂的史料,教师可以对资料的基本内容、主题思想等进行概括。教师要根据自己查阅史料的过程,记录阅读新的内容。最后,教师要进行剪贴,这主要是针对过于冗长的资料的做法。另外,教师可以进行复印,这主要是针对一些借来的书籍,教师无法在短期内完成摘抄,所以可以进行复印以便保存与利用。

第二,加工。教师通过考证法、辨伪法、校勘法、训诂法等鉴别史料,去伪存真,并且抛弃一些过时的材料,这就需要教师要写批语做记号、写提要、做札记、写综述。

第三,分析与解释。经过鉴别加工以后,教师还要对这些史料进行分析与解释,才能够提取有效信息。

(四)史料的教学应用

第一,尝试让学生独立收集史料。《义务教育历史课程标准(2022年版)》指出要让学生掌握收集资料的方法。但是在实际的教学中,收集史料的工作都是由教师完成的,学生很少参与。即便部分教师会让学生参与史料的搜集过程,也会过于强调网络资源,忽视纸质文献资料的收集与图书馆的借阅作用。学生掌握研究历史的方法是他们深入学习的基础,也是他们独立解决问题的出发点,教师必须让学生亲身体验,才能够不断培养他们的创新能力和动手实践能力。那么,学生如何才能够根据自己的学习需要收集史料呢? 首先,学生应该了解与明确历史与史料之间的关系,了解史料的特点,这可以使其认识到并非所有的史料都值得学习。其次,学生要了解史料的基本构成与不同的史料的价值,了解史料的相互关系。最后,学生要学会查找史料,辨析史料。这包括他们如何收集资料、如何利用各种书目以及检索工具、如何判断资料的可靠性、如何综合资料进行分析等。

第二,辨析史料。学习历史需要真实的历史资料的支撑,包括史料的收集、整理、鉴别、分析与理解。其中,整理与分析史料包括两个部分:一是鉴别与选择史料;二是分析史料。辨析史料的方式有两种:一是从资料的来源入手;二是考证史料所记载的内容是否真实地反映了历史事实,史料本身是否存在自相矛盾的地方,能否通过其他史料验证这份史料的真伪等。很多教师认为,大多数学生并不会从事历史研究工作,让他们学习辨析史料比较浪费教学时间。其实不然,让学生学会辨析史料并非只是为了培养一批历史研究工作者,而是为了让学生以历史学家的思维来思考历史,使其更好地理解史料,并在未来的工作、生活、学习中利用历史思维分析、解决问题。

第三,史料要足够全面。现在有很多教师只是利用少量的史料来验证教材中的观点,或者是用现成的结论来套用史料,这种做法并不是"论从史出"。运用史料并不只是为了补充教师的讲授,或是让学生进行应试训练,而是为了加深学生对历史的理解,培养他们的历史思维。因此,教师要尽可能地为学生提供详尽的历史资料,并用这些历史资料来验证历史事实。如果学生能够真正懂得"论从史出""史论结合",那么他们的思考角度就会更加全面,并且会在具体的时代背景下来分析问题,同时也能够以发展的眼光来看待历史,进而形成正确的认识。

第四,在实践中学习使用史料。历史认识主要是学生通过对史料进行分析、理解、解释,从而形成历史认识的过程,而这些学习活动都依赖于学生自身的推理、推断等,并且需要经过抽象与比较、归纳与演绎、分析与综合才能得以吸纳。因此,学习历史不能停留在收集史料的层面上,还需要深入揭示历史现象的本质,研究历史的客观本质,不断发展学生的历史思维与认识能力。成功的教学不仅要让学生知道是什么,还要让学生学会探究为什么以及怎么做。因此,教师必须注重指导学生进行批判性阅读,让学生发表自身的见解。同时,教师也要教给学生具体的思考、解决问题的办法,如逆向思考、纵向与横向思考、多角度思考、换位思考。

第五,史料教学要使用探究形式,让学生掌握探究方法。历史研究对象已经消失,只有让学生掌握探究史料的科学方法,才能够使其正确地认识历史。

第六,史料没有固定结论,也需要有时间保证。对于同一个历史资料,历史学家根据自己的知识背景、观念、理解等,对这些史料作出自身的逻辑判断与推理。只要有合理的论证,这个结论就可以被认可。在历史教学中,学生也必须树立这样的观念,才能充分发挥自己的想象能力与思维能力,形成历史认识与历史见解。华东师范大学聂幼犁教授说过:"我们必须让学生懂得,课本(或书上)、老师讲的是历史又不是历史,是前人对历史的'修复'、理解和与历史的对话。"

第三章　家国情怀素养培育主要内涵

第一节　生命教育

一、生命教育的概念

(一)生命的本义及特征

万物众生,因为生命的装点,而呈现出万紫千红的世界,并以各种姿态绽放着自己的魅力,以独特的方式释放着自己的生力,诠释着自己的张力。那生命到底是什么? 对于"生命"一词的解释,站在不同角度会有不同的理解,很难找到一个统一的定义。生命是蛋白质的一种存在形式,以新陈代谢为主要特征,并且能够不断调整自己,与周围环境进行交换、更新。《说文解字》中写道:"生,进也,像草木生出土上。""命,使也,从口令。"简单地说,生命具有两个主要特征:一是延续性,万物通过生长、繁殖等一系列行为,使自己的生命而得以延续。二是制约性,生命一定程度上受自然和社会规律的制约,这即是"命"的存在。

笔者所要说的"生命"指的是人的生命,而人的这一生中,生命呈现出以下几个特征:第一,生命的有限性。人的一生是很短暂的,要珍惜当下。而在这短暂的一生里,却可以做很多的事情来不断地提升生命的存在意义和创造生命的价值。第二,生命的不可逆性。人生只有一次,没有重来的机会,要懂得珍惜生命,让自己发光发亮。第三,生命的曲折性。人生不是一帆风顺的,要经历风风雨雨,不要畏惧困难,要敢于挑战,要学会克服,要有迎难而上的勇气。第四,生命的独特性。每个人都是与众不同的、不可替代的,世界因个体差异而色彩缤纷。尊重差异,满足不同学生的需求,促进学生潜质的发展。

在对人的生命特征充分了解的基础上,才能更好地认识和理解生命教育。根据生命的不同特征进行个性教育，从而使生命教育更有效，更有针对性。

（二）生命教育的内涵

随着社会的迅速发展，社会上兴起一股新的教育思潮——生命教育。西方国家对生命教育的研究已经相当成熟，而我国对生命教育的研究相对较晚。关于"生命教育"的定义至今没有一个固定的标准，因人而异。毕竟生命是独特的、活力的，从不同的视角、不同的立场出发，每个人对此的理解也会不同。

南京师范大学冯建军教授认为，"生命教育的内涵主要是教人认识生命、保护生命、珍爱生命、欣赏生命，探索生命的意义，实现生命价值的活动。或者说个体从出生到死亡的整个过程中，通过有目的、有计划、有组织地进行生命意识熏陶、生存能力培养和生命价值升华，最终使其生命价值充分展现的活动过程，其核心是珍惜生命、注重生命质量、凸显生命价值"。

郑州师范学院副校长刘济良指出，"生命教育就是在学生物质性生命的前提下，在个体生命的基础上，通过有目的、有计划的教育活动，对个体生命从出生到死亡的整个过程，进行完整性、人文性的生命意识的培养，引导学生认识生命的意义，追求生命的价值，活出生命的意蕴，绽放生命的光彩，实现生命的辉煌"。

北京师范大学肖川博士认为，"所谓生命教育就是为了生命主体的自由和幸福所进行的生命化的教育。它是教育的一种价值追求，也是教育的一种内在形态。生命教育的宗旨就在于：捍卫生命的尊严，激发生命的潜能，提升生命的品质，实现生命的价值"。[1]

学者们虽然对生命教育都有一个自己的定义，其实本质上是一致的。即认识生命是一个过程，在这过程中不断追求生命的价值，凸显生命存在的意义。随着时代的变化，生命教育的内涵也相应的丰富了起来，逐渐和素质教育、美感教育、劳动教育等相融合，产生了新的教育理念，使人们开始注重生命意识，培养生命的美感，对生命的认识达到了一个更高的境界。笔者认为，生命教育就是关注人的生命的教育，更是一种追求生命价

---

[1]杨宏伟,陆春霖.人的类本质:赫斯的悬设与马克思的确证[J].宁夏社会科学,2021(5):92-100.

值的教育。在初中历史教学中主要做到：首先要认识生命，教会学生尊重生命、珍爱生命，意识到生命的宝贵，真正理解生命的意义。借助初中历史教学来渗透生命教育，培养学生正确的世界观、人生观和价值观，朝着积极、健康的人格方向发展。

二、生命教育在初中历史教学中渗透的意义

初中历史课堂上渗透生命教育的有关内容，是针对当前中学生心理发展所出现的问题以及学校教学及历史教学的任务决定的，这样的生命教育方式既符合目前大多数初中学校的现状，也符合初中学生的发展需要，具体意义有以下四点。

（一）初中生身心健康成长的需要

当前人们很少从学校和社会中接收到生命教育的信息，也比较缺乏对生命的了解、尊重和珍爱。初中阶段的学生不管在其生理还是心理方面都处于一个剧烈变化的时期，如果不对初中学生进行有关生命方面的引导和教育，会导致初中生漠视生命、伤害生命的行为发生。当前的初中学生对于生命的由来、生命的价值等问题认识模糊，甚至部分学生对于残害动物生命、他人生命的行为存在好奇心理。学生对于"生命"理解的偏差，反映出在学校教育中进行生命教育的迫切性。而教育正是直面人的生命，通过人的生命、为了人的生命质量的提高而进行的社会活动。要保证学生的全面发展和终身学习，就必须引导学生树立正确的生命意识，保证学生的身心健康成长。初中历史学科作为一门人文气息很强的学科，其学习内容就是"人"的历史，在学习"人"的历史时，教师如果能够引导学生理解"人"的生命、正确认识"人"的生命，那将能发挥历史学科独特的人文优势，培养学生形成正确的生命意识，促进学生的身心健康发展。

（二）社会发展的需要

我国与当前绝大多数国家一样，把历史课程视为进行公民素养教育的基干课程。作为义务教育阶段的人文学科之一，历史课程的主要任务之一是陶冶学生人格、促进学生的全面发展。培养合格的社会公民是中学教育最主要也是最根本的任务，因此初中历史教育也要围绕如何培养社会发展需要的合格公民来进行。当前社会发展迅速，生活节奏逐步加快，生活在

社会中的人要能够合理地看待压力、学会正确地看待生命。如果学校教育培养的学生不具备对于生命的客观理性认识,不懂得爱护生命、珍惜生命,那么这个学生就不具备为社会发展作出贡献的最基本的条件。所以如何让学生在历史的学习中能够树立正确的生命意识,如何培养社会需要的合格人才,是历史学科教师需要思考和付诸行动的重要问题。

(三)解决我国多数初中学校生命教育困境

任何课程的设计都不可能超越两种基本形式:渗透课程和单一课程。生命教育也不例外。就生命教育来说,单一课程就是指单纯将生命教育作为主要内容来开设的课程,其学习内容和课程安排都是围绕生命教育展开。而渗透课程则是指将生命教育的有关内容融入到其他学科当中,在其他学科的学习中对学生进行有关生命教育的渗透活动来达到学习目的。当前我国已有部分省份在学校开设了单一课程形式的生命教育,但我国幅员辽阔,不同地区在教育资源和水平等方面都存在较大的差异,如果在全国范围内都统一实施单一的生命教育课程,短期内是不现实的。笔者认为,目前对于我国初中阶段的学校生命教育来说,最好的方式应该是渗透式课程。首先,单一的生命教育课程需要对课程进行科学的规划,这些工作会耗费大量的人力和物力,对于农村地区的学校来说,这样的课程不仅会给学校编制课程带来压力,同时也无法保证教学质量效果,所以在其他学科的学习中有意识地进行有关生命教育的渗透是较为可行的。其次,单一的生命教育课程对任课教师也有更高的要求,需要对教师进行专业、系统的培训,这些都不是短期内就能实现的。如果选择渗透式课程进行生命教育,只需要对目前的各科教师进行有关生命教育的培训和学习,再通过备课等方式引导任课教师有意识、有目的地在课堂上对学生进行有关生命教育的渗透,也能够达到很好的教育效果。最后,由于渗透式课程的生命教育是一种隐性的、长期的活动,它并不是单一的为了学生了解生命而开设的课程,因此在实际操作中具有更强的灵活性,能够更好地避免在生命教育中出现教授内容刻板、教条等缺陷,学生也更加容易接受。

(四)培养学生的爱国情感

国防部表彰了在加勒万河谷冲突中牺牲的4名卫国戍边英雄,全国上下用各种形式缅怀和致敬为国牺牲的烈士们。但在全国人民用各种形式悼念烈士之时,笔者注意到有人因为在网络上发布诋毁侮辱烈士的言论而被依法刑拘。在这些言论的背后,是个体生命教育缺失的表现,也是个体爱国情感缺失的表现,因为他们没有正确的生命意识,所以无法体会到卫国戍边烈士牺牲的意义是什么,更无法感受到烈士们身上伟大的爱国精神。初中历史学科的一项重要目标是培养学生的爱国情感,在初中历史教学中有意识地进行生命教育的渗透,可以帮助学生正确地评价历史上和当今为国牺牲者,了解国家的进步是无数人民共同努力换来的,在缅怀烈士的同时,作为新时代青年学子更应该努力学习,报效祖国。在生命教育中,培养学生正确的生命意识,同时能够培养学生正确的爱国情感。

三、生命教育在初中历史教学中渗透的可行性

(一)初中历史课程标准和教育目标与生命教育的联系

初中学校历史教育内容并不是教师可以随意选择的,每一位教师都必须根据国家教育行政部门所制定的《义务教育历史课程标准(2022年版)》中所规定的各项内容来设计自己的课堂教学。那么在当前的初中历史课程标准和教育目标中,是否有与生命教育有关的内容呢?我们在初中历史教学中有意识地渗透生命教育是否符合课程标准的要求呢?笔者认为,当前不管是初中历史课程标准还是初中历史教育目标,都与生命教育有着较为密切的联系。

1.历史学科的人文精神

历史学属于人文社会科学范畴,具有传承人类文化成果、揭示人类社会发展规律的价值,与国家的政治、经济、文化等活动以及人们的社会生活有着密切的关系,具有提高国民素质的社会功能。历史学作为一门义务教育阶段人文性的学科,其教育作用不只是单纯地教会学生历史知识,更重要的是学生能通过三年的基础性的历史课程学习,用书本中的历史知识作为桥梁,提高学生的历史思维,推动学生形成正确的价值观,而如何认识生命,正是中学生价值观形成的一个很重要的部分,对学生的发展和健全人格的形成都具有非常重要的作用。初中阶段的历史教育既然是为学生的终身学习和终身发展奠定基础的教育,那么在初中历史的学习中有意识、有计划地渗透有关生命教育的内容,应该被列入初中历史教师的教学计划当中。这既有利于初中阶段学校历史教育教学目标的达成,也是历史

学科人文精神的体现。

学生在学习"人"的历史的过程中,如果历史教师能够有意识地渗透生命教育的内容,学生会感觉到历史人物是鲜活的、饱满的,也会感受到历史事件的温度,历史是一门具有人文精神的学科,它应该传递给学生正确的生活态度和生命意识,这是人文性学科的任务,也是初中历史教学的任务。

2.初中历史课程标准与生命教育

课程标准是国家课程的基本纲领性文件,是国家对基础教育课程的基本规范和质量要求。课程标准是面向全体学生的,也应该是指导教师教学最根本和最重要的文件。就初中历史学科来说,教育部颁发的《义务教育历史课程标准(2022年版)》文件中很多内容都与生命教育存在联系。

在《义务教育历史课程标准(2022年版)》的课程性质中提到"历史课程是人文社会科学中的一门基础课程,对学生的全面发展和终身发展有着重要的意义",这就表明历史学科作为义务教育阶段的基础课程,其目的不仅仅是教授学生单纯的历史知识,更加看重历史学科的人文精神,强调学习历史要为学生的全面发展奠定基础。《义务教育历史课程标准(2022年版)》在界定初中历史学科的特性时提出了历史学科具有"人文性",其中强调学生通过历史学习,应该"提高人文素养,逐步形成正确的价值取向和积极向上的人生态度,适应社会发展的需要"。学生学习历史,除了学会书本中的历史知识,更重要的应该是形成正确的、积极的生活态度,为日后的发展做准备,适应社会的节奏。要达到《义务教育历史课程标准(2022年版)》中规定的有关培育学生人生态度的要求,笔者认为最重要的是要教会学生正确认识生命、对待生命。生命是人一切发展的基础,如果初中阶段的历史教育不能够将正确的生命观念传递给学生,无法引导学生正确地与自己和他人的生命相处,那积极的人生态度、成为社会需要的人才也就无从谈起。

在课程理念部分,《义务教育历史课程标准(2022年版)》提倡历史学科要"立足学生核心素养发展,充分发挥历史课程的育人功能",这表明初中历史教学不再是单纯要求学生只是记住历史知识、获得历史考试的高分,而是要充分发挥历史学科的育人功能,以学生的发展为本。当前的初中历史教学不再强调历史知识的系统性和完整性,删除了一些艰涩难懂的历史知识,要求历史教师以历史知识为依托,挖掘其中的育人因素,通过历史学习培养学生养成合格公民应该具备的素养和能力。而正确的生命意识是学生健康成长的最基本的条件,历史学科作为一门"以人为本"的学科,应该要以培养学生正确的生命意识为己任,充分发挥历史学科的育人功能。

综上所述,历史学科是一门人文性很强的学科。作为国家层面的根本性的指导文件,《义务教育历史课程标准(2022年版)》在各个方面的规定和要求都反映出历史学科的人文精神,学生经过初中阶段的历史学习后,应该有助于其形成良好的个人品质和积极的人生态度。而这些都要以正确的的生命意识为前提,所以在初中历史教学中渗透生命教育符合国家对于历史课程的愿望和要求,是可行的。

3.初中历史教育目标与生命教育

历史教育目标相比于历史课程标准更有系统性和具体性,是一个学科在知识、思想和实际行动等方面的落实。初中历史教育目标是指学生在学习完一个阶段历史课程后,应该达到什么样的要求、获得什么样的能力。在新课改实施以来,初中历史学科的教育目标逐渐从以单纯的知识掌握,转变为培养学生的历史思维,养成学生正确的思想价值观、促进学生的全面发展,简单来说就是从获得知识转变为获得能力,从人的需要出发设计课程。在历史学科的教育目标中也体现出浓厚的人文精神,首都师范大学赵亚夫教授认为"其人文价值在于揭示人性的善恶、了解人类的命运、陶冶人文精神"。初中历史教学的人文性决定了在课堂学习中,历史教师应该给予初中学生人文关怀,即"以人的尊严、生存、安全、健康、发展等需要为出发点和归宿"。

在《义务教育历史课程标准(2022年版)》"课程目标"中规定,初中学生经过初中历史学习后应该达到的目标是"落实立德树人根本任务,体现历史课程的育人功能,培养学生的核心素养,引导学生初步树立正确的历史观、民族观、国家观、文化观,明理、增信、崇德、力行"。"能够从历史的角度认识中国国情,认识中华民族多元一体的历史发展趋势,增强热爱家乡、热爱祖国的情感,铸牢中华民族共同体意识;了解并认同社会主义先进文化、革命文化、中华优秀传统文化,认识中华文明的历史价值和现实意义,增强民族自尊心、自信心和自豪感;了解中国历史上的英雄人物,崇尚英雄气概,传承民族气节;培育和践行社会主义核心价值观,把握习近平新时代中国特色社会主义思想的核心要义,树立中国特色社会主义道路自信、理论自信、制度自信、文化自信"。

(二)初中历史教学内容与生命教育的联系

初中教育阶段,历史学科作为初中阶段学生的必修课,对其学习的具体内容有着明确的规定,即学生在初中阶段将要学习哪些历史知识,这些历史知识将在初中阶段的哪一个学期进行学习都有着明确的规定和计划。这些规定体现在历史课程标准以及历史教科书的编排上,教师的教学要以课程标准和历史教科书为指导进行合理的设计。所以在初中历史教学中渗透生命教育的内容,并不是要求教师刻意地在初中历史课堂上增加课程标准之外的内容,而是希望教师通过挖掘《义务教育历史课程标准(2022年版)》中所规定的学习内容中与生命教育有关的历史知识,并对此进行精心的设计,在教学中以历史知识为桥梁,引导学生形成正确的生命意识,这样做既可以培养学生正确的生命观和价值观,同时也会激发学生的思考能力,使得历史人物更加鲜活、历史事件更加饱满、历史课堂更加有趣。

1.初中历史教学内容可以帮助学生认识生命

从一定意义上讲,只有认识与理解了生命的内在价值,才能真正地认识与理解生命价值。如果忽视或抛弃了对生命内在价值的认识,必然会导致生命价值的失落。在初中历史教学的学习中很多内容可以有效地帮助学生认识生命的含义,感受生命进化的漫长进程和生命的伟大魅力。在七年级中国古代史的学习中,史前时期的历史学习可以帮助学生很好地认识生命。七年级上册第一单元的学习内容主要有北京人的特征及生活情况、史前农业的发展等;九年级上册第一单元也介绍了世界上的史前文明如古埃及、古印度、古代两河流域文明的发展及其特征。在这些内容的学习中,学生可以了解人类是如何通过漫长的进化而走向未来的。教师在教学中可以引导学生通过视频、图片等方式,了解人类的进化过程,体会人类进化的不易,帮助学生认识"人"的前世今生,同时也体会到生命发展的过程,更好地认识人的生命。在百家争鸣、五四运动、新文化运动、改革开放、文艺复兴、工业革命等教学内容中,教师可以在以上历史内容的讲解中引导学生理解,所谓人的生命不只具有自然属性,更具有社会属性,人追求的不仅仅只是活下去,而是怎样更有意义地活下去,正因如此,才推动着自古以来国内外的仁人志士不断地思考人生的价值和国家的未来。认识生命的价值和人生的价值,也是学生正确认识生命的一部分。而这一方面的生命教育,通过历史教学来进行合理的渗透,可以说是非常贴近历史教学内容的,也是历史教学目标之一。在对历史人物进行学习和评价时,教师也可以通过将历史人物的功过是非进行对比,引导学生通过对历史人物进行评价,思考生命的价值和意义,从而推动学生养成正确的历史价值观和人生观,同时促进学生对于生命的正确理性的认识。

2.初中历史教学内容可以教育学生敬畏生命

所谓敬畏生命,从广度讲,是指敬畏自然界的一切生命,不仅对人的生命,而且对一切生物和动物的生命,都必须保持敬畏的态度。中学生在历史课堂上所学习的历史是人的历史,历史上的每一个人物都是一个鲜活的个体,如果历史课堂上只有一个个历史人物的名字,而无法引导学生关注思考这些名字背后究竟是一个什么样的生命个体,那么这样的历史课堂一定是枯燥乏味的。因此,历史教师在历史课堂上有意识地对学生进行敬畏生命的教育,既可以培养学生形成健康的生命意识,也可以引导学生对于历史人物的功过、历史事件的评价进行更加深入的思考。中国古代史部分,在学习楚汉之争时,可以通过刘邦、项羽所实行的不同政策,引导学生思考他们对于生命的不同态度;在学习秦末暴政内容时,也可以通过秦朝统治者对于人民生命的残害启发学生思考对于生命的正确态度。在中国近现代史的学习中,可以通过民国以来的社会习俗方面的变化,教育学生平等地给予他人尊重,也是敬畏生命的一部分,而日军南京大屠杀等不敬畏生命的反例,可以以此引导学生理解敬畏生命不仅是要保护好自己的生命,更重要的含义是不要伤害他人的生命,对世间所有的生命都怀有敬畏之心。在世界古代史内容中,哥伦布发现美洲后美洲原住民的遭遇以及"三角贸易"的内容是最适合引入敬畏生命教育的,教师可以通过史实分析,引导学生思考发展经济与尊重他人生命的关系,培养学生正确的生命意识和价值观。在世界近代史的学习中,教师可以通过战争对于世界人民的影响,启发学生思考战争对于人类生命的伤害,由此培养学生热爱和平、敬畏生命的正确态度,启发学生自尊自爱的品质。

3.初中历史教学内容可以引导学生感恩生命

生命是来之不易的,一个人从诞生到成长,要经历很多困难和挫折,正因为如此生命才是宝贵的,我们应该感恩父母给予我们生命,也要感恩自己拥有生命,学会珍惜生命。虽然初中历史课堂的教学任务不是专门培养学生正确的生命意识,但在历史学习中还是有很多能够渗透引导学生感恩生命的内容。中国古代史中,教师可以通过补充《孟母三迁》等故事,启发学生孝敬父母、感恩父母;也可以通过讲解司马迁编撰《史记》的曲折经历,引导学生感悟生命的伟大,理解生命的坚强与宝贵,启发学生积极向上的生命价值观;在学习"康乾盛世"的有关内容时,教师可以通过补充乾隆与其母亲崇庆皇太后相处融洽的史实,以此为契机教育学生理解父母养育他们的辛苦,引导学生感恩父母、尊重父母。在世界近代史的学习中,教师可以从文艺复兴对人的思想解放这一视角切入,引导学生思考当时的文艺复兴先驱对于人类发展所做的贡献,激发其对于当前的生活、自我的生命的感恩和珍惜。在世界现代史学习中,教师可以设计历史学习活动,学生自主了解、搜集当前世界上的人口、资源问题,了解一些世界上的贫困国家人民的生活现状进行展示汇报,教师进行引导总结,激励学生为了更好的生活而奋斗,同时也珍惜生命中所拥有的,感恩自己所拥有的。

(三)初中历史学科评价体系与生命教育的联系

初中历史课堂并不是为传播生命教育而设置的学科,所以在初中历史的升学考试等试卷中,其命题内容与生命教育的联系并不大,而且学生的生命意识很难用试题对其进行评价,但在当前初中历史学科评价体系中仍然有和生命教育相关的方面,这也侧面说明在初中历史课堂学习中渗透生命教育是可行的。历史教育评价同教育评价一样是一个完整的系统。除通常研究的学业评价和考试研究之外,还包括课程评价、教师评价、教科书评价、学校评价等确保历史教育质量的评价活动。由于篇幅有限,本节所说的"评价"仅指对于学生的学习评价。

《义务教育历史课程标准(2022年版)》中有关评价的建议里,课标有"评价不仅要关注学生的学习结果,更要关注学生在学习过程中的发展和变化"的表述。区别于对历史知识的掌握情况的考查和评价,对于学生在意识、观念方面的变化的考查评价会更加困难,因为这些变化很难在试题作答上得到体现,不能直观地通过分数来判断学生是否形成了合格的意识或观念。所以教师需要关注学生长期的学习过程中的变化,以考查学生核心素养的发展状况为目标,综合运用诊断性评价、形成性评价、终结性评价等多种方式,注重评价主体多元化,让学生在自评、互评的过程中学会反思和自我改进,倡导将评价融入教学设计,实现"教—学—评"一体,发挥评价促进学习和改进教学的功能。历史教师在初中历史教学中,有意识地渗透生命教育的有关内容,促进学生对于正确的生命意识的感受、认同和内化,再通过日常的课堂交流和观察,对学生在对于生命有关的观念、信念上的变化进行评价,这既是课程标准对于历史教学的要求,也是历史作为一门人文学科应该发挥的育人功能。所以,学生能否通过历史学习,在对生命的认知和观念方面产生一定的正面影响,也应成为历史学习评价的一部分。

第二节　民族与国家

一、关于古代民族和现代民族

虽然我们无法给民族下一个准确的定义,但是对民族的特征进行一些概括还是能够做到的。民族的特征是非常丰富的,而我们首先要了解的是古代民族与现代民族的基本特征和相互差异。

(一)古代民族和现代民族的民族身份认同

古代民族主要建立在族群之上,而族群主要是以血缘关系为基础的;古代民族的另一个基础是宗教文化,因此古代的宗教一般是有民族性的,如伊斯兰教就是以阿拉伯人为基础的。再如,在中世纪,基督徒非常热心于转变犹太人的信仰,而且一般改信基督教的犹太人基本不会受到歧视,因为基督徒认为犹太人放弃了犹太教,就是放弃了民族属性和信仰,而与基督徒没有区别了。而对现在的民族来说,其形成的条件主要是民族认同,不管原来的族群是什么,从古代民族演进到现代民族过程中最重要的条件是形成民族认同,而且这种认同不仅是民族内部自己认同,还要其他民族对其民族身份予以认同。比如,移民到美国的人不会被认定为属于美利坚民族,移民在他国中有些职位是没有权利担任的,即使获得了移民国家的公民身份,也会因为民族身份没有得到承认,而不能担任公共事业岗位。很多国家规定移民只有在第三代才能够被认同为本民族,将第三代之后的移民视为本土化了的移民[①]。

(二)古代民族与现代民族的民族象征符号问题

关于民族身份还有另外一个问题,就是民族的象征符号问题,即谁可以作为民族的代表? 我们不能拿现代民族的观念要求古代人。苏秦能佩六国相印;古代军事家孙膑是魏国人,在齐国当将军,带兵打败的是魏国,但是没人说他是魏奸;英法百年战争时期,法兰西的公爵却同英王并肩,与法王作战。那么,古代民族成员对民族的忠诚一般是向谁忠诚? 岳飞精忠爱国,爱的是南宋小朝廷,是"忠君爱国",忠君即是爱国。在西欧中世纪晚期和近代早期,即现代西方民族已经诞生之时,国王依然还是作为民族的象征的,如法国大革命之初,路易十六的王权并未被废除,人们在向宪法宣誓的时候也需要宣誓效忠国王。作为古代民族的族属成员,其忠诚属性是朝向一个神圣的权力,这个权力的代表就是世袭的王族和王权。

现代民族成员忠于的是民族国家,即民族国家本身就是民族的象征。抗战时期,我们才能提出蒋介石只是某个党派和某个阶级的代表,我们对民族的忠诚不是忠诚于某个个人,而是忠于民族、忠于国家。蒋介石错误地认为他是政权的代表,要求对他忠诚。中共领导人瞿秋白被国民党政府宣判为叛国罪、试图颠覆政府,瞿秋白在法庭上为自己辩护时曾说,他承认反政府,但是不承认犯有叛国罪,因为反对当权者并不是叛国,并不是反对民族和国家。所以,现代的民族的忠诚指的是实体上的民族与国家,个人不代表民族和国家。

---

①中国大百科全书总编辑委员会《外国历史》编辑委员会,中国大百科全书出版社编辑部.中国大百科全书:外国历史1-2[M].北京:中国大百科全书出版社,1990.

53

二、民族与国家的关系

(一)民族和国家关系的基本发展历程

研究发现,古代民族和国家没有直接的必然的关系,就是说,一个民族可以形成若干个国家,一个国家也可以由若干个民族构成。古代日耳曼民族形成了若干个国家,而现代民族就很难这样,每个民族国家都要以统一的现代民族作为构成国家的主体民族,至少这是现代国家的追求。比如说,古代的国家当中,阿拉伯世界信仰一个真主,而这同一信仰之中建立了若干国家;基督教也一样,建立了若干国家。这说明,一个族群或者一个宗教下都可以形成若干个国家,每个国家内部都可以有若干个族群同时并存。而现代虽然存在多民族国家,但是现代国家之称为民族国家,民族国家一直在做一件事,即追求单一民族。比如,美国作为一个移民国家仍然要把来自各民族的移民融合为一个新的民族——美利坚民族(不过,即使经过美国人的努力所形成的美利坚民族,其民族地位依然受到学术界的质疑,有人认为美利坚民族实质上是政治经济利益共同体)。

古代民族是一个事实上的族群,现代民族则不一定,但现代民族仍然要追求一个共同的族群符号,比如我们中华民族叫神州华胄。虽然实际上从族裔方面看中华民族中很多人并不是神州华胄,汉族自己也并非都是神州华胄,因为这根本不可能,但是我们根据现代民族国家的需求一定要找一个共同的祖宗。古代民族在向现代民族转换的过程中,其最基本内容即是构建出一个现代民族的象征,即共同先祖。每个现代民族都会为自己找一个共同的先祖,而且这个先祖一定是具有神性的。炎黄作为中华民族的共同先祖是在清末民初才被普遍认同的,不是自古就有的,因为中华民族是近代才开始形成的,中华民族是现代民族。56个民族是古已有之的民族,是真正意义上的古代民族概念,在1840年之后中华民族概念才慢慢形成。孙中山原本在革命思想和策略上很激进,曾经提出带有攻击性质的口号:驱除鞑虏。而在短短的十几年之后,孙中山的观念就改变了,他不再提把满洲人赶走的主张,他认为满族人也是中华民族的一部分了。孙中山的民族观念和国家观念在这段时间实际上发生了很大变化。不仅孙中山本人,整个中国社会都在发生着民族观念和国家观念的巨大变化。

那么,为什么民族民主观念在广东发展得较为充分,为什么此地有最广泛的群众基础？

这里涉及一系列中学历史教学的核心问题，也是家国情怀素养中的部分核心问题。如为什么中国近代民主观念在广东发展较为充分？为什么中国近代早期的民主革命大多发生在广东地区？广东成为中国近代民主革命中心的原因是什么……笔者认为，中国近代的民主革命在广东地区发生，广东附近有这么多人投身民主革命，是因为广东有广泛的群众基础，是因为广东是近代中华民族观念发展较为充分的地区。

近代的从古代社会向现代社会转变的革命必然是民主革命。民主革命的过程一定是民族革命的过程，因为民主社会的基本单位公民本身就是民族的成员。公民的概念不仅是在民主的理念下的内容，也是民族理念的基础，民族成员是国家的当然公民，具有公民权。民族革命本身就是民主革命，二者合一，近代的民主革命必然是要解决民族独立的问题，这种独立不一定是要像美利坚民族一样通过独立战争从英国解放出来，民族独立战争只是一种民族民主革命的形式，中华民族不一定是打败了日本才叫民族革命。近代民主革命频发的地区一定是民族观念形成的地方，现代中华民族观念在东南沿海发展更为成熟。1949年所施行的民族化，本身就是一场民族革命建立的近代民主政权，不论是新民主还是旧民主，其必须是民主革命。

（二）民族的神圣性

任何民族对其自身来说都是神圣的，这种神圣性具有不可侵犯的特征。而民族的神圣性的缘起、依据和表现又是什么呢？

民族和国家的神圣性在于一个民族、一个国家之所以形成的理论和实践价值，这是形成一个民族国家的必要前提之一。而对于民族和国家神圣性的形成，需要在理论上完成构建。比如，卢梭在《社会契约论》中提出，形成国家的目的在于：国家能够保护每一个人，主权者才能将自己的某些权利交给国家；如果国家不能保护个人，那主权者就有权索回自己的权利。卢梭论述的目的是反对中世纪的政府、中世纪的民族和国家理论。但是中世纪的民族和国家理论与卢梭的理论还是有契合点的。马克思、恩格斯在《共产党宣言》中明确提出"工人无祖国"的论断，他们论证的依据是国家和政府是资产阶级的国家和政府，工人的权利没有得到保障，因此国家不属于工人而只属于资产阶级。这个论证不仅是现代国家的基础、现代民族的基础,也是古代民族和国家的基础。

现代民族与国家的神圣性需要理论的建构,但要注意的是,当全体人民、一个民族一个国家都相信这个神圣价值,坚守这个价值的时候,就变成了集体的利益、实在的利益。但是真正的神圣性的最开始的前提是虚拟的,是理论构建出来的,而且经历了漫长的过程。这种神圣性不论是古代还是现代都是有条件的,虽然在宣传上是无条件的,但是在实际的施行中一个民族国家的神圣性一直是有条件的。为什么是有条件的?因为所有的现代民族都追求民族成员的平等性。因为一个新民族的形成需要宣传民族成员的平等,在民族中所有成员间没有差异。现代民主来源于现代民族的诞生,没有现代民族的形成即实现不了现代民主。现代民族是民主的前提。民族成员不平等怎么实现民主呢?当一个人的身份有着诸多的先天差异的时候就不具备平等性,民族成员一律平等才能够保证全民族共同维护其民族的神圣性。

现代民族宣传其神圣性,那么古代民族呢?古代民族内部是有等级存在的,但也宣扬民族成员的平等性,只是平等的内容不一样而已。比如,在古代,民族的平等在于对外的平等而不是对内的平等。现代国家仍然这样,只有被承认属于本民族才有这个民族国家的公民权。古代民族也一样,必须被认定属于本民族成员才能享有这个民族成员所享有的权利。因为现代民族国家更追求国内民族的单一性,所以排外性更强。因此,现代民主的适应范围是在本民族的范围之内。一个现代民族国家如果没有融合为一个现代的民族,则容易出现冲突和矛盾,如苏格兰和英格兰在从古代向现代国家转变的过程中没有真正融合为一个现代民族,这就为现代英国政治生活埋下了民族矛盾的祸根。因为现代国家是民族国家,如果有两个或两个以上的现代民族存在,那么,这个国家属于哪个民族呢?它的民族属性是什么?所以,从古代向现代国家转换过程中,其境内的古代民族需要融合为一个现代民族。因为现代民族的观念是:政权是民族政权,国家是民族国家。在现代民族国家中,政权为一个没有与本民族融合为一个现代民族的异族掌握,是绝对不能容忍的,这就是现代民族和国家的神圣性所导致的。

三、民族认同和国家认同

作为历史学科核心素养的"家国情怀",首先包括民族认同和国家认同。对于"民族"的定义,目前尚无一个获得普遍认可的定论。但一般来说,要产生民族认同的人群,一定是在民族的起源、文化的发展、风俗习惯、宗教信仰、地域文化等某方面具有一致性或相似性。同时,民族往往具有地域性的特征,因此为了守护共同的聚居地,人们开始团结起来,逐渐拥有一种共同的信仰和一个共同的守护对象,即国家。"领土的神圣不可侵犯成为民族国家认同感的基质。"①就此,民族认同感下的国家认同感开始出现。因而,民族认同与国家认同是一体的。

（一）民族认同

中华民族是独特的民族,它发源于古老中国,在历史演进的过程中历经广泛的民族交融汇聚而成,绵延千载,延续至今,成为国家力量凝聚的核心。这样独特的民族同样拥有其独特的民族性格,包括勤劳质朴、昂扬自信、包容合和、团结友爱等。辛亥革命以后,在中国这片广袤土地上,"中华民族"一词以一种极具代表性的民族共同体姿态展现在全世界面前,屹立于世界民族之林。在实现中华民族伟大复兴的重大历史时刻,我们提出"铸牢中华民族共同体意识"的新要求。为达到这个目的,我们不仅需要通过历史学习,寻找到各民族共同的历史要素,而且还应该在日常社会实践和政治、经济活动中不断践行民族共同体的理念。

中华民族是一个始终崇尚英雄的民族,对民族英雄的崇尚和民族英雄气节的传承是民族认同感中尤为突出而极其重要的部分。因此教育部新颁布的《义务教育历史课程标准（2022年版）》提出要"能够从历史的角度认识中国国情,认识中华民族多元一体的历史发展趋势,增强热爱家乡、热爱祖国的情感,铸牢中华民族共同体意识;了解并认同社会主义先进文化、革命文化、中华优秀传统文化,认识中华文明的历史价值和现实意义,增强民族自尊心、自信心和自豪感;了解中国历史上的英雄人物,崇尚英雄气概,传承民族气节;培育和践行社会主义核心价值观,把握习近平新时代中国特色社会主义思想的核心要义,树立中国特色社会主义道路自

---

① 亚列克桑德拉·雅辛斯卡-卡妮娅,伊德.民族身份和世界社会的形象:波兰问题[J].国际社会科学杂志（中文版）,1984（1）:93-112.

信、理论自信、制度自信、文化自信"。这就要求在了解和认同中华文化的大前提下,需进一步凸显学习英雄与爱国主义教育。这进一步体现了国家对民族英雄的推崇,这将极大地有利于强化学生的民族认同感,铸牢中华民族共同体意识。对英雄的铭记和怀念使我们走向未来的步伐更加坚定而勇敢,对国家和民族拥有更为深沉真挚的热爱。英雄的精神时刻砥砺着我们前行,夯实着我们对于民族的更深认同感。在日常教学中引导学生学习英雄事迹,可以培育学生的爱国主义精神,传承民族气节,崇尚英雄气概。

(二)国家认同

在民族认同的前提之下,国家认同才能更好的得到彰显;而国家认同的最终形成,可以更好地将"中华民族共同体"与"统一多民族国家"的观念进行呈现。现代中国国家和"中华民族"的观念在近代以后的中国开始逐渐成形。国家认同"整合了各民族的历史、传统和信念,体现多元一体的价值,居于最高认同层⋯⋯借助政治符号的作用使多民族国家成员对国家的感知具象化;并且通过政治仪式以情境化方式在时空场域中凝结共同记忆"。①现代国家认同实质上是国家公民对在民族基础上文化与政治的结合下形成的国家共同体的认同。同时也包括对这个共同体下的政治经济体制的认同。

学生通过学习中国古代史,可以了解秦朝建立统一多民族国家的史实,知道"统一"和"多民族"是我国历史发展的基本趋向;理解十六国、辽、夏、金、元等各个少数民族政权在促进中华民族大繁荣中的重要影响;认同清朝在奠定现代中国版图上发挥的重要作用。通过中国近现代史的学习,可以了解国家主权完整和民族独立对于国家发展的重要影响,认同现代中国国家制度和治理体系,坚定制度自信和理论自信,自觉将自身发展与国家发展相结合,为新时代中国特色社会主义建设和实现中华民族伟大复兴的中国梦不懈奋斗,坚定维护国家主权和安全,立志成为社会主义的建设者和接班人。通过学习历代政治制度的变革,可以了解到中国先人们艰苦奋斗的历史传统;从春秋战国时期的商鞅变法、李悝变法到北宋庆历新政、王安石变法再到近代维新派、革命派的斗争,感悟到中华民族自强

---

① 薛洁,王灏淼.国家认同:现代多民族国家共同体意识的构建目标[J].上海行政学院学报,2020,21(5):4-12.

不息的革新进取精神,从而增进以改革创新为核心的时代精神,筑牢制度自信。

（三）文化认同

有达到高度的文化认同,才能实现高度的文化自觉和文化自信,才能使学生更加热爱内涵不断充实的伟大新时代中华文化。

通过增进学生对百家争鸣、儒学复兴、三教合一、唐诗宋词、宋明理学、话本小说等中国优秀传统思想文化的认识,使学生明确我们的思想、风俗、语言的"来处";通过对伟大建党精神、伟大长征精神、伟大抗战精神的体悟,增强学生国家荣辱观;通过加强学生对现代中国社会主义核心价值观的认知,促进社会主义精神文明的建设。只有实现对自身文化内涵和价值的深层次了解,才能明晰自身发展的优劣势,在国际社会交往中不卑不亢、坦然自若!

第三节　人类命运共同体

2007年党的十七大报告中"命运共同体"一词在我国政府文件中首次使用,2010年第二轮中美战略与经济对话中"命运共同体"一词首次被应用于我国的外交活动,2011年《中国的和平发展》白皮书以人类命运共同体这一崭新的视角阐释了中国对世界发展的态度。在2012年党的十八大报告中,人类命运共同体被正式提出,此后,人类命运共同体经历了不断完善和发展,在2015年9月的第70届联合国大会上,习近平主席首次阐述了人类命运共同体的深刻内涵和构建路径,科学地回答了"建设什么样的世界,怎样建设世界"这一时代课题。党的十九大报告中,习近平总书记呼吁"构建人类命运共同体,建设持久和平、普遍安全、共同繁荣、开放包容、清洁美丽的世界"。随后,在2018年"推动人类命运共同体"被写入新修改的宪法中,这标志着"人类命运共同体"正式上升为国家意志。

一、人类命运共同体理念的科学内涵

(一)政治上公平正义的权利共同体

1991年后,世界霸权主义、强权政治横行,某些西方国家肆意干涉他国内政,为了本国的利益,动辄发动战争,如轰炸南斯拉夫联盟、入侵阿富汗等等行动加剧了世界局势的恶化。中东乱局中的巴以冲突、激烈的民族矛盾,非洲的动荡以及目前危及世界安全的恐怖主义都或多或少留有某些西方国家渗透的影子。

其他国家在处理国际争端时也仍然且经常用"拳头"相威胁。进入新时代,单边主义、保护主义、霸权主义、强权政治对世界和平与发展威胁上升,全球治理陷入困局,国际社会需要一种新的思想进行国际交往,一种新的治理方案,人类命运共同体理念应运而生。人类命运共同体理念在政治维度上就是基于各个国家是构成世界大家庭的重要成员,都享有平等的权利,都有机会追求自身合理合法的国家利益的权利。习近平总书记说:"我们要营造公平正义、共建共享的安全格局。"人类命运共同体理念倡导国际社会的公平正义,每个国家的权力都值得尊重,国际组织在裁决国际事务时应本着公平的原则,以维护国际正义为追求,构建人类公平正义的权力共同体,构建一个公平正义的世界。这也是世界主要大国应当肩负起的国际责任。

(二)经济上合作共赢的利益共同体

在全球联系加深的进程中,资本、人力、物资在全世界流动。虽然西方鼓吹市场经济和公平竞争原则,但实际却不可能平等。一是西方凭借着自身在资本、技术等方面的优势,在贸易过程中处于绝对的优势地位,多数发展中国家则由于技术积累薄弱而处于劣势。全球化中,西方资本主义国家收益更大,广大发展中国家则挑战更大。二是世界各国在交往过程中,经济融合程度不断加深,国际社会也建立起了诸多国际经济、贸易组织。这些组织为世界经济的稳定发展提供了一定规则,但这些规则主要是由西方发达国家制定,更多服务于这些国家的利益。三是西方资本主义国家为了维护资产阶级的利益,纷纷成立垄断组织,进行技术垄断、协商定价,导致高端技术并未随着全球化流向发展中国家,严重影响了全球化的进一步发展。

习近平总书记强调:"要奉行双赢、多赢、共赢的新理念,扔掉我赢你输、赢者通吃的旧思维。"人类命运共同体理念便基于人类社会的共同利益观,提出各国积极合作,希望完善现有国际金融、贸易组织规则,以共同分享发展利益为目标,构建全球经济合作共赢的利益共同体,以促进世界经济和平、稳定地发展繁荣。

(三)文化上平等互鉴的文明共同体

西方殖民主义早期主要是通过硬实力从军事上控制殖民地。1945年以后,西方原来通过武力占领殖民地的模式难以继续推行,文化帝国主义兴起。西方国家在世界的舆论力量得到增强。西方转而依托全球化浪潮,以其强大的经济、军事、科技为后盾,向外展示其文化软实力的模式,输出其价值观。西方国家最终以文化为包装,掩盖其利益需求和政治阴谋,最终实现对部分发展中国家的经济掠夺和政权控制,企图实现世界文化西方化、西方文化普世化,实现西方文化霸权。这种政策的推行,也影响了世界文化的交流。

习近平总书记指出:"我们要尊重各种文明,平等相待,互学互鉴,兼收并蓄,推动人类文明实现创造性发展。"人类命运共同体理念,主张各民族的文化都是人类文化的重要成分,都在历史上创造了属于本民族的独特文化,应以包容的态度面对他国文化,倡导世界各国共同构建一个平等互鉴的文明共同体。

二、人类命运共同体理念的历史教育意蕴

(一)面对世界失序的历史教育责任

当今世界,恐怖主义泛滥,富国与穷国的贫富差距加大,地区冲突不断,世界治理失序使得世界和谐发展面临越来越多的不可预知的因素。因而,人类文明要继续和谐发展,世界人民要实现对美好生活的向往,首先便不得不重新思考世界治理方案。世界治理的关键在人,而教育的意义就在于塑造人的思想、传承人类文明。教育不仅仅要关注人的现实发展,更要关注人的终极发展。所以需要以教育为起点,培养能够团结世界各国、推动世界走向更加和平有序的人才。其次,人类命运共同体理念所倡导世界各国在经济、文化、政治层面都应该处于一种平等状态,应通过共商共

建共享、相互尊重、和平友好的形式进行交流交往,将人类命运共同体理念渗透进中学历史教学中,正是希望通过教育来培养这样的人才,进而和世界各国一起构建平等世界。再次,通过将人类命运共同体理念深入到一线课堂教学中,让学生在春风润物中拓展视野和提升胸襟,能够站在整个人类的视角去审视、分辨、判断事物,本着为人类文明的未来进行思考和行动,对世界心存温情与包容。最后,当越来越多的中国学子,随着中国的经济、人文发展,带着面对世界乱局的中国治理方案,怀着人类命运共同体理念,走向国家对外交往平台,走向世界各地与全球各国政要、普通人民进行互动时,人类命运共同体理念也会逐渐深入到世界各地,人们也将愿意以和平发展、共同繁荣的理念与世界对话[①]。

这是中国作为世界大国,中华民族作为世界重要民族理应对全球人民承担的责任。中国的中学历史教育应该在其中发挥自身的作用,为祖国培养需要的人才,和世界人民一起共建人类命运共同体。

(二)贯彻中学历史新课标的要求

教育部新颁布的《义务教育历史课程标准(2022年版)》为教学目标的制定、新教材的编写、课程的评价确定了总基调。提出历史课程围绕核心素养,体现课程性质,反映课程理念,确立课程目标。历史课程要培养的核心素养,主要包括唯物史观、时空观念、史料实证、历史解释、家国情怀五个方面。

其中,家国情怀是中学历史课程对学生的最高要求,"是学习和探究历史应具有的社会责任和人文追求"。将国家富强、民族振兴和人类文明的进步作为理想追求,培养学生对国家、对民族、对优秀传统文化的热爱是高中教育的基本责任,更是每一代教师的历史使命。培养学生的人类情怀,是中国逐渐走向世界的中心,实现中华民族伟大复兴的中国梦以及全球化时代中国作为世界大国应当承担的国际责任而进行必要人才储备的客观要求。人类命运共同体是广义的家国情怀,是一种人类情怀。随着中学生学习人类命运共同体理念的程度逐渐加深,他们不仅会站在中国视角看世界,更能从世界角度看中国,站在全球视野审视世界,进而提升学生的人文关怀,并最终和世界人民一起共筑人类命运共同体。

---

① 宋涛.携手构建人类命运共同体[M].北京:当代世界出版社,2019:20-25.

三、人类命运共同体思想融入中学历史教学的现实需要

在世界各国、各地区、各民族联系日益紧密的大背景下,构建人类命运共同体不仅是应对世界问题的中国方案,更是中国勇于担当历史使命的体现。为了把中学生培养成为有责任、有担当、有世界眼光的社会主义建设者和接班人,将人类命运共同体思想融入中学历史教学有着深刻的现实需要。一方面,我国历史教育注重培养学生的国际视野,并在《义务教育历史课程标准(2022年版)》中明确提出要培养中学生树立人类命运共同体意识。另一方面,国际理解教育日益受到人们关注,世界公民教育思潮需要人类命运共同体思想引领。在此背景下,培养中学生成为具有国际意识和开放合作意识的合格公民显得极为重要,而人类命运共同体思想融入中学历史教学正有利于相关意识的培养。所以,在我国教育改革和国际教育形势发展的背景下,人类命运共同体思想融入中学历史教学十分必要。

(一)培养国际视野人才的需要

随着各国交流合作日益紧密,各国十分强调本国公民国际视野的培养,我国也不例外,颁布多个教育文件促进公民国际视野培养的贯彻落实。在基础教育的众多科目中,历史教育作为人文社会学科,更需要担负起培养具备国际视野人才的重任。

一方面,公民国际视野的培养符合教育改革的要求,教育部颁布的初中《义务教育历史课程标准(2022年版)》中多次体现对国际视野的培养要求,《普通高中历史课程标准(2017年版2020年修订)》中在课程性质部分要求学生要具有"广阔的国际视野,树立正确的世界观、人生观、价值观和历史观"。另一方面,历史教育在培养学生国际视野方面有独特的优势,历史教师可以通过课本中中国史、世界史的内容,让学生对各国历史有客观的认识,引导学生理性对待各国文化与文明,意识到世界是一个整体,要将本国的发展融入到世界的发展中去。

根据我国立德树人的总体要求,在历史学科中培养学生国际视野的重要性是毋庸置疑的,但培养具备国际视野的人才需要教师落实到日常每一节课的教学中。所以,如何通过历史课堂的学习使学生具备国际视野,是教育工作者在教学中的重中之重。对于中学生来讲,他们需要的不是空洞的说教,而是要体现在具体的知识点中,这样才更有利于他们理解、掌握

教材,并形成相关意识和素养。人类命运共同体思想作为面向世界的中国方案,也是我国外交方面的重要政策之一,与中华人民共和国成立以来我国的外交历史一脉相承,教师通过讲授中华人民共和国成立以来我国与他国交往的历史,可以激发学生的学习兴趣,进一步增强学生对其他国家的了解,在了解的基础上,逐步培养学生的国际视野,帮助学生用整体的全球性思维去分析、解决问题。同时,人类命运共同体思想中所蕴含的平等、和平、交流互鉴、绿色生态等内涵,与历史课本中的内容均有契合,教师在进行相关部分的教学时,以人类命运共同体思想引入,并对教材内容进行升华,把中外历史与现今国际形势相结合,培养学生以广阔的历史视野融通过去与现在,最终实现培养学生国际视野的目标。

(二)历史课程标准的要求

国家历史课程标准是历史教师进行教学和学生学习的指导性文件,面对国际形势日益变化,经济、科技不断发展的新形势,我国对于培养人才素养的要求不断提高并反映在课程标准当中。历史课程改革一直都在进行,教育部新颁布的《义务教育历史课程标准(2022年版)》中多处提到了人类命运共同体思想融入历史课教学的要求。

新课标在目标要求部分指出要"了解人类文化的多样性,理解和尊重世界各国、各民族的文化传统,认识中国历史与世界历史相互关联;了解中华文明对世界文明进步作出的突出贡献,体现立足中国、面向世界的视野和胸怀,初步树立构建人类命运共同体的意识"。习近平新时代中国特色社会主义思想中包含着人类命运共同体思想,而新课标中提到的国家安全和生态文明的相关内容在人类命运共同体思想中均有所体现,所以学习人类命运共同体思想对认识习近平新时代中国特色社会主义思想也有所帮助。新课标在具体的课程内容中更是对人类命运共同体思想的学习做了详细要求,必修课程"中外历史纲要"模块中要求学生要"牢固树立人类命运共同体意识,共同担当,同舟共济,共促全球的和平与发展"。选择性必修的"文化交流与传播"模块的学业要求中提到"通过学习,扩大国际视野,增强国际理解,拥有博大胸怀,树立爱国主义与关怀人类共同命运的观念;能够认识到世界各国、各地区、各民族都为创造人类文化作出了贡献,不同文化之间要相互尊重、平等相待,加强交流互鉴,促进共同发展"。

因此,在中学历史教学中融入人类命运共同体思想符合历史课程改革的要求,既符合新版历史课程标准的要求,更符合培养学生历史学科核心素养、实现立德树人教育目标的要求。

(三)推行国际理解教育的需要

"国际理解教育"这一概念在1946年联合国教科文组织成立时正式提出,其内涵随时代的发展不断变化,在联合国教科文组织的倡导下,日本、韩国、澳大利亚等国成立了相关机构和组织,大力发展国际理解教育,把国际理解教育理念落实到基础教育中。伴随全球化深入发展,国与国交流日益密切的同时,摩擦、冲突时有发生,加强国际理解教育重新被人们关注与重视。

为此,我国近年来出台多个教育文件,对国际理解教育作出明确规定。《国家中长期教育改革和发展规划纲要(2010—2020年)》是我国这十年的教育规划,其中第十六章第五十条中明确指出"加强国际理解教育,推动跨文化交流,增进学生对不同国家、不同文化的认识和理解"。2016年教育部《中国学生发展核心素养》的发布,标志着中国教育改革再上新台阶。该文件提出六大素养,其中的"责任担当"素养中包含了国际理解的有关内容,并作出如下解释:"具有全球意识和开放的心态,了解人类文明进程和世界发展动态;尊重世界多元文化的多样性和差异性,积极参与跨文化交流;关注人类面临的全球性挑战,理解人类命运共同体的内涵和价值。"历史学科作为渗透国际理解教育的重要学科,这些文件出台后,便逐步推动国际理解教育进入中学历史教学,加强学生对其他国家文明的理解,同时促进世界对中国的理解。

我国重视在历史学科中推行国际理解教育,是因为国际理解教育与中学历史教学是相互影响、相互促进的。一方面,历史教育的目标之一就是要培养具有国际视野和包容开放态度的国际化人才,引入国际理解教育有利于这一目标的实现;另一方面,国际理解教育需要以具体某一个或某几个学科作为载体,在中学历史教学中融入国际理解素养的培养,能够推动国际理解教育进一步发展与完善。但是国际理解教育在我国基础教育乃至中学历史教学中的落实状况并不乐观,仍存在着实践滞后、地区之间发展不平衡的问题。

针对这一情况,在中学历史教学中落实人类命运共同体思想的教学很有必要,因为人类命运共同体思想和国际理解教育有众多相通之处,甚至比国际理解教育更为全面。国际理解教育着重于以开放包容的态度对待各国文明,多集中于文化方面,而人类命运共同体思想则关注人类共同命运,包含的内容更广、层次更多。不仅包括文化方面,还包括政治、经济、安全、生态等各个方面。而且,人类命运共同体思想中还涵盖针对各方面问题所需遵循的理念与解决措施,更符合各国人民的美好愿望。比较起来,人类命运共同体思想更具有全面性,所以在中学历史教学中更需要推进人类命运共同体思想的教学,作为实现国际理解教育目标的又一重要途径。

(四)引领世界公民教育思潮的需要

教育最重要的目标就是培养高素质的合格公民,本国公民是国家未来的建设者,培养合格公民代表着国家对于教育和社会个体的要求与期望,因此,公民教育自提出以来受到各国重视。在两次世界大战发生以后,人们在战争惨痛经历的基础上对公民教育进行反思,初步提出了世界公民教育。20世纪90年代以来,全球化程度日益加深,全球性挑战与危机并存,单纯的"国家公民"教育已不能适应快速发展变化的世界,这就需要各国开展公民教育时既要坚持培养公民的爱国情感与民族认同,又要注重培养公民的全球视野、国际意识及包容不同文化的胸怀,最终培养出在全球化社会中具有竞争力的公民。公民教育被赋予了新的内涵,世界公民教育思潮随之在各国兴起。

目前,我国把基础教育作为进行公民教育的重要阶段,世界公民教育的部分精神在历史学科中也有所体现,但是我国的现有教育政策还没有一个完整、系统的世界公民教育的指导性文件,世界公民教育缺乏系统化、规范化的指导,以及存在教学内容、教学方法欠缺的问题。更重要的是,世界公民教育思潮来源于发达资本主义国家的政策文件、教育实践,其本质仍然是西方主导的价值观念。目前国际形势复杂多变,多种文化思潮交汇,我们要防止外来不良思潮对我国中学生的侵蚀。同时,人类命运共同体思想的影响主要表现在政治、经济等方面,在教育领域并未得到充分的延展与落实。面对这些问题,需要我们坚持马克思主义理论,把人类命运共同体思想融入到中学历史教学之中,以人类命运共同体思想引领世界公民教育思潮,培养既具备强烈全球责任意识又坚守社会主义核心价值观,既满怀人类理想追求天下大同,又脚踏实地秉承和而不同的世界公民。形成符合我国国情,具备中国特色的、科学的、实践的世界公民教育思想,进一步提升中华文明影响力。

第四章 中学历史课堂家国情怀素养培育策略

第一节 家国情怀与中学历史课堂教学

一、家国情怀的历史渊源与演变

(一)家国情怀的历史渊源

《汉语大辞典》[①]将"家"释义为"家庭、家族、卿大夫或卿大夫的采地食邑",将"国"释义为"国都、国家、王侯的封地"。古代文献《庄子·骈拇》中说:"小人则以身殉利,士则以身殉名,大夫则以身殉家,圣人则以身殉天下。"从中可以看出,不论是对家、对国,乃至对天下,个人都饱含着一种特殊的情感和关怀。正如北宋秦观《心说》中所言:"即心无物谓之性,即心有物谓之情。"这种"情怀"可以说是"心怀家国",即人内心深处对家、国、天下的一种认同感、归属感、责任感。

家国情怀思想古已有之,只是有实无名,其历史渊源最早可追溯到西周宗法制下血缘关系附着的"家国一体"("忠孝一体")等道德观念、规范。儒家对"家国一体"("忠孝一体")进行了系统的阐述,家国情怀的内涵为:家国同构观念、"中国"认同意识、责任意识。

1.家国同构观念

在中国古代的政治关系中,家与国的关系是以伦理关系为基础而建构的,其政治模式的基本理念就是家国同构。

西周实行互为表里的分封制和宗法制。在分封制下,天子掌管"天下";分封诸侯以土地和人民,谓"国";诸侯分封卿大夫以土地和人民,谓"家"。这样的"家国天下"成为"血缘—文化—政治共同体",也就是"家国

---

① 罗竹风.汉语大辞典1[M].上海:上海辞书出版社,1986:50-53.

一体"。

春秋战国时期,分封制不断遭到破坏,但"家国一体"的理念得到了传承与发展。《礼记·祭统》中说:"忠臣以事其君,孝子以事其亲,其本一也。"孔子对于"孝"和"忠"的关系,阐释为"孝慈,则忠"。西汉董仲舒提出的"三纲五常"更是将宗法制下的父子、夫妇伦理与家国之间的君臣关系同构。上海对外经贸大学苏敏华教授认为:"家国同构"在社会伦理层面的结合表现为"忠孝一体"。简言之:家国同构下,家国一体,忠孝一体,父为家君,君为国父。小到家庭,大到国家,君(父)权的权威无处不在。

2."中国"认同意识

在古代中国人的"家国天下"体系中,"天下"既指"理想化的伦理秩序,也是一种空间想象"。这样的观念体系中,存在"夷夏之辨",也存在顾炎武所说的"亡国"与"亡天下"的观念差别。这两者都内化于文明的认同,外显于王朝的认同,也就是"中国"认同意识。这里的"中国"并非现在的有明确主权、疆域和人民的近代国家,而是中国历史上或前后相继或并立对峙的王朝国家。相对应的"中国"认同意识很大程度可以说是一种王朝认同。这种王朝认同的形成关键在于其本身"典章制度上的政治连续性",更在于其"宗教语言礼乐风俗的延续性"。

中国国家形态不同于西方的政治型国家,中国基于"文明"而存在,因而"中国"认同意识是建立在文明认同的基础之上的。儒家提倡的忠孝、礼仪、廉耻等道德要求,构成了文明认同的一部分。并且在这种认同中,"夷夏"之间并非泾渭分明、无法更改的,相反却是不断变化的。正如我国历史上各民族(夷夏之间)在春秋、魏晋隋唐、明清等时期,进行了多次大的族群融合,这种在族群融合的过程中产生的"认同的变化"可以概述为"夷入华则华之,华入夷则夷之"。

《诗经》中"溥天之下,莫非王土;率土之滨,莫非王臣",历来成为统治者强化个人认同的有力阐释。但是个人在现实生活中存在认同的"差序结构",也就是说个人对于国家的认同往往立足于自己所参与的家或家乡。正如奥地利裔美籍著名哲学家、社会学家、现象学社会学的创始人许茨所说,"只有当涉及我的时候,我与他人形成的某种关系才能获得特别的意义,我用'我们'这个词来称呼这种特殊意义……我是'我们'的中心"。换言之,想要以此强化普通百姓自身的身份认同,构建民众现实的"中国"认同意识较为困难。只有在关乎个人切身利益时,这种"中国"认同意识才会得以彰显,也就是北京师范大学康永久教授所说,"传统的王朝国家,通常只有在唇亡齿寒的意义上才能进入大多数人的视界"。因而"中国"认同意识通常只在"统治者或者统治秩序的直接依附者,也就是统治者的家臣"这样一个有限的圈子内有效进行。

3.责任意识

《孟子·离娄上》中说"人有恒言,皆曰天下国家,天下之本在国,国之本在家,家之本在身"。在这样一种语境中,个人、国家、天下形成紧密的"家国天下的连续体",并着重强调了个人对于国家、天下的责任意识。

历史上兴起改革的变法者,其变法初心无不是心怀天下,想要以变法的形式达到国强民富。例如商鞅凭借着过人的胆识、大无畏的精神,最终秦因变法而强。北宋时期的理学家张载更提出要"为天地立心,为生民立命,为往圣继绝学,为万世开太平"。不论是商鞅还是张载,他们身上都充分地体现了个人关注国计民生、致力于匡时济世的理想追求和责任意识。

但是这样的一种责任意识存在政治伦理化和时代的局限性,如被统治者所利用,宣扬"忠君即是爱国",并且由于"中国"认同意识通常只在统治者和统治秩序的直接依附者中有效进行,因而往往是士大夫阶层表现出对"一家一姓王朝"的认同和责任意识。如黄宗羲以明朝遗民自居,虽然在晚年对于清政府有一定的认同,但仍将"不仕"作为遗民的最高原则,至死不曾动摇。普通民众对于国家的责任意识较为单薄,更多地表现为对家、家乡的责任意识,家、国与天下之间存在现实的断裂,正如顾炎武所说,"保国者,其君其臣,肉食者谋之;保天下者,匹夫之贱,与有责焉尔矣"。

(二)家国情怀的近代重构

家国情怀的内涵不是一成不变,而是与时俱进的。晚清以后,随着天朝的倾覆,中华文化便失去了普世文明的宝座,下降为只是一种特殊的民族文化。用在民族危亡的形势下,中国的知识分子不断思考如何才能实现救亡图存。正是在这样的思考和探索中,中国人开始走出原有的"天下",认识到了更为广阔的天下。

因而在近代中国特殊的社会历史环境下,中国人的家国情怀经历了重构,家国同构观念发生了转变,从"王朝认同"变为"民族国家认同";个人和国家的关系发生了转变,由"臣民"变为"国民";天下观念经历了重塑,出现了现代意义上的世界意识。

1. 家国同构观念的转变——从"王朝"认同到"民族国家"认同

在近代中国救亡图存的历史环境下,中国人逐渐突破传统的家国同构观念,废除家族和家乡观念,形成了近代意义上的民族国家,国民渐渐形成了对于民族国家的认同。在传统的家国同构观念影响下,家国一体、忠孝一体根植人心,因而中国人只有王朝认同,或者对一家一姓之"政府"的认同,缺乏近代意义上的民族国家概念和民族国家认同。对于"家国一体"的消极影响,中国著名思想家、哲学家、教育家梁漱溟评价说:"中国人,于身家而外漠不关心,素来缺乏于此。特别是国家观念之淡薄。"国家观念中,国家的内涵是变化的。华东师范大学思勉人文高等研究院副院长许纪霖认为,要"将国家从宗法伦理中剥离",从根本上摆脱家国一体的负面影响,最终才能建立新式的近代国家。

学者对"忠孝一体"的内涵重新进行了阐释,如吴虞、李大钊反对把"孝"作为"忠"的基础。冯友兰则在"贞元六书"之《新事论》中,将爱国的内涵从"忠君"转变成"为社会做贡献"。孙中山、蔡元培等人则针对朱熹的"八德"提出了"新八德",将"忠"置于"孝"之前,表明"国家至上"。这样的批判或者重构不是对家国情怀彻底的否认,从某种程度上来说,仍然是家国情怀的表现。

"中华民族"一词最早出现在梁启超《中国学术思想变迁之大势》一文中,特指汉民族。后随着不同学者观点的碰撞,"中华民族"一词的内涵经历了演变,梁启超、杨度等人将其拓宽为一个整体概念:中国国内各民族总体。不同的政治和思想派别对于"中华民族"概念的使用,在具体内涵上还存在差异,但大体上都认同了中国各民族人民结合而成的整体具有一种全方位的一体性——拥有着共同的民族命运和民族前途。在抗战前后,中华民族认同不断得到强化和深化,如常乃惠在《何谓中华民族?》中写道:"中华民族,世界之著名伟大民族也……至于今日,则人尽自觉为中华民族之一员。"

2. 责任意识的转变——从"臣民"到"国民"

传统的"家国天下共同体"在近代不断遭到冲击而瓦解。中国人基于传统文明认同的"中国"认同意识与责任意识发生了转变,个人与国家之间的关系也进行了重构,个人不是国家的"臣民",而是转变为"国民"。

在古代中国,"国"往往是"一家一姓之私产",而中国人的"中国"认同意识也通常表现为"王朝认同",甚至是对某一家某一姓的"政府"的认同。在传统的"君—臣—民"社会结构中,君有过而臣可谏,官无善则法可罚,民有功而吏能举,主要体现的是士大夫阶层对于"修身齐家治国平天下"的责任意识、臣民意识,与之相对的百姓对于国家大事不甚关心,即便"官逼民反",所打出的旗帜也只是像宋江等人所号召的"只反贪官,不反皇帝"。

梁启超在《少年中国说》中提出"国也者,人民之公产",即把"公"的含义引入"国"。"国"不再是一姓之国,而是国民所共有的、具有政治自主性的共同体。安德森认为"(民族)是想象的政治共同体"。但这种"想象"建立的基础是共同的族群记忆。更确切地说是基于共同文明基因的"重构",而并非虚构,也就是黄兴涛所说中华民族是"历史的延续演化和主观能动建构彼此互动的产物"。因而才能够号召民众形成具有现代民族国家意识的国家认同感与责任感。例如,1912年11月18日《民立报》刊发的《女子军事团警告》中写道:"祖国存在……人人有责……我女子素不乏真诚爱国者"。这表明,当"家国天下连续体"断裂之后,近代意义上民族国家产生,近代中国的国民意识逐渐觉醒,人民的"臣民意识"逐渐转变为"国民意识",国家兴亡的责任不再是士大夫这一群体所独自背负的,而是由全体国民共同承担。

3. 天下观念的重塑——世界意识的出现

古代中国的"天下"观念在近代西方思想的冲击之下逐渐瓦解。在全球竞争的时代背景中,中国人认识到了"我者"和"他者"的不同,对固有的"天下"意识进行了重塑,出现了近代意义上的世界意识。

古人常把"家国天下"作为一个词来理解,并赋予了"修身齐家治国平天下"的人生理想。通常情况下,"国"代表权力体,"天下"代表普世的价值体系。"天下"的范围伸缩性强,有时也指国家。梁漱溟说"天下而兼国家"，那么天下与国家相合，为太平盛世，相反则为乱世。也就是说，王朝可以更替，但天下所代表的价值体系不会发生变化。近代中国人所理解的世界不再是以往以儒家伦理道德为准则的天下，而是以力为中心圆、以"物竞天择、适者生存"为准则的物理世界。因而产生了民族国家共同体的认识（民族主义、传统性），也产生了现代意义上的世界意识（世界主义、近代性）。

葛兆光认为："从'中体西用'转向'全盘西化'，体现了中国对近代性的追求和对融入世界的向往，但底色却是救亡……包括之后的'立于世界民族之林'之类的世界主义话语，都有着'民族主义'的内涵。"不过这样的世界意识是开放且包容的，正如梁启超在《中国人对于世界文明之大责任》中所说："人生最大的目的，是要向人类全体有所贡献。"因此，"家""国""天下"这三个层次不是完全分离的，家是社会的细胞，国是维护细胞健康成长的外部环境，而"天下"既是"家国情怀"关怀的范围，也是一种关怀世界的角度。

（三）家国情怀的当代内涵

家国情怀对中国人的精神理念、情感认知、生活方式、国家制度产生了重要影响，激励着中国人不断为国家富强、民族振兴、人民幸福而前赴后继。家国情怀作为中国传统文化的重要组成部分，具有强大的生命力，在近代社会的剧烈变革中，受到社会主流价值观的影响，不断适应时代的需求，有着不同的内涵和话语形式。在当代，特别是随着改革开放以来，强调对传统文化中的家国情怀进行传承和创新具有不可忽视的重要意义。因而家国情怀内涵有了较为明显的转变和发展，凸显了民族精神、现代国家认同、社会主义核心价值观认同、国家文化认同、国际意识等，主要表现则是"个人对于家庭、社会、国家、世界的认同意识、责任意识和使命意识"。

1. 以爱国主义为核心的民族精神

爱国主义精神是家国情怀的重要内容。在当代社会历史条件下，个人和国家两者的根本利益存在一致性。"强国才能保家""富国才能安家"，国家、民族利益居于首位，个人价值更应在国家价值的实现中得以体现。在中国现代化建设中，个人在社会生活中，持有清醒的头脑，以积极的态度参与公共事务,将个人价值与社会目标统一,把个人命运和国家命运联结,心怀"苟利国家生死以,岂因祸福避趋之"的爱国之情,从而实现个人与社会、国家、世界的良性互动。

2.以民主和法治为核心的现代国家认同

以"民主和法治为核心的现代国家认同"成为人们对现实国家真正理解和认同的重要根基,也是家国情怀的重要组成部分。国家本身能践行一种形式性善意。国人以平等的身份参与社会公众生活,成为现实国家与想象国家统一的实质国民,个人尊严和幸福是社会秩序构建的基础。安德森认为民族是想象的共同体,但这种想象是建立在"本质上有限地,同时也享有主权的共同体"①基础之上的,即个人真正成为国民,形成对国家的认同,同时也要做到严以修身。

3.社会主义核心价值观认同

家国情怀具有意识形态性,其内涵也包括社会主义核心价值观认同。家国情怀是人的一种价值观念,从其本质来看,是个人对自身与国家以及世界之间关系的一种认同。某种程度上是"个人观念'服从于'国家权威的一种状态"。②由公民个人、社会、国家这三个层次的价值追求构成了相互依存、相互联系的有机整体。对于优良传统文化的继承和发扬则是认同社会主义核心价值观的基础。

4.国家文化认同

文化认同也是当代家国情怀不可或缺的内涵之一。因而国家认同的建立基于文化认同。国家认同是从历史和文化中自然而然产生的历史积淀物,是时代精神通过"当下社会性话语"的断裂和重组。同时,文化认同是在民族认同基础上的超越,是对各民族的传统记忆、象征符号等文化基因的共享。对中国优秀传统文化、革命文化和社会主义先进文化的了解和认同构成了国家认同的基础,烙印在人的内心深处,成为民族国家公民共同的文化基因。

5.国际意识

国际意识也是当代家国情怀的重要内容。从"天下"观念、孟子主张的

①本尼迪克特·安德森.想象的共同体[M].上海:上海人民出版社,2011.08.
②禤明亮.学术界"家国情怀"研究述评——兼论对"家国情怀"研究的几点建议[J].高校社科动态,2015(1):3.

"居天下之广居，立天下之正位，行天下之大道"等思想中，可以引申出超越民族界限、国家界限而思考全人类命运的理念。心怀天下，世界大同，基于此，习近平总书记提出"构建人类命运共同体"的重要思想。并且，随着经济全球化的发展，我们生活的世界不再局限于家庭、家乡、国家，而是拓展为整个世界。小到个人，大到国家，不论是否主动了解世界、融入世界，都与日新月异的世界有着无法隔断的联系。学生既需要清楚认知自己民族的历史，也需要清楚认知自己民族、国家在世界格局中的位置、作为，共同致力于世界的和平稳定、繁荣昌盛。

二、中学历史课堂家国情怀素养培育的意义

家国情怀教育是历史教育的根本归宿。中学历史教学以知识讲授为基础，以能力提升为途径，以人格完善为目的，从知识、能力、人格三个维度上定位了历史课程的功能。三足鼎立式的历史课程框架，将本学科的育人特质、现实社会发展的育人要求有机结合，实现立德树人。中学历史课堂家国情怀素养培育，本质上是践行对人的教育，让学生学会理解历史和现在、将来的关联，关心社会、国家、民族、世界的发展，逐渐树立正确的世界观、人生观和价值观（简称"三观"），成为合格的现代社会公民。

（一）有利于中学生树立正确的"三观"

历史的主体是"人"，历史学是对"人事"发展过程的研究，历史教育则是基于"人事"的理解，通晓为人处世方略。"涵养人性是历史教育的本质特征和基本任务"，无论对学生知识、能力，还是素养方面的要求，若主旨偏离"人"，历史教育的成功只能是空想，甚至是对历史教育的背离。

马克思说："人是一切社会关系的总和。"人是"社会存在物"，个人与其所处的社会和时代有着密不可分的关联。这会促使其关心其他人的命运，孟子将这种本性理解为"人皆有不忍人之心"，法国社会学家涂尔干则表述为"人天生就对集体良知有内在的认同"。这种"人文精神"体现在历史教育上，就是帮助学生形成对自身、他人以及人类命运的由衷关怀。高中生具备一定的价值判断，但仍需要教师正确引导学生在历史学习中领悟做人行事的智慧，成为知情合一的完整的人。这样的历史教育关注人内心的成长，支撑着人的成熟和完整。

（二）有利于落实立德树人的根本任务

历史教育的根本任务是立德树人，所树之人应人格健全，也就是说，历史教育应以培养学生人格为重。而近半个世纪里，在传统教育的影响下，历史教育中知识教育、能力教育成为主要内容，人格教育要素无法得到应有的重视，逐渐沦为应试的附庸和能力的奴仆。因此把人格教育作为历史教育首要任务，培育有家国情怀素养的中国人是历史教育的时代要求。家国情怀素养的培育是以知识理解为基础，以能力提升为途径，以人格完善为目的，对于学生的发展有着深远的影响。

（三）有利于培育现代社会的合格公民

历史教育的社会功能在于让人们通过对历史的研究，把握当今社会发展的趋势和方向，从而指导个人发展、树立良好的社会风气、弘扬民族精神。现代社会价值多元且混杂，信息灵便而芜杂，倡导个性又极易从众，家国情怀的培育价值更显其重要意义。因而当代历史教育承载着培养具有家国情怀的现代社会公民的社会教育功能。

孔子说："三年学，不至于谷，不易得也。"我们也在思考，读书究竟是为了什么？顾炎武给出了他的答案——经世致用。中学历史教学中如何让学生切身体会到自身的责任感，逐渐成为现代社会的合格公民，接下来以《明清之际活跃的儒家思想》一课中的顾炎武为例，探讨个体应该对社会承担什么样的责任？个人如何承担这样的社会责任？顾炎武，江苏昆山人，祖上为江东望族，后家道中落。他科考多次落榜，27岁乡试落第后放弃科举，转而批判八股取士制度。他所身处的明末社会动荡，他目睹时世艰难，天灾交替侵袭，农民起义不断，亲身经历倭寇之患，建州女真内侵，因此阅览历代史集、郡县志书等，搜集关于国计民生的资料，例如兵防、赋税、水利等，撰述《天下郡国利病书》，作为自己改造社会、拯救国家的依据。顾炎武积极投入抗清武装斗争。失败后，他开始了漫长的逃亡生涯，行万里路，读万卷书。当时人们没有现代国家的观念，故在明朝覆灭时，人们无动于衷。但取而代之的是满清，这就意味着汉族沦亡了，因而顾炎武在《日知录》中提出"天下兴亡，匹夫有责"的思想。在国仇家恨的刺激下，顾炎武对明亡的教训有更深入的思考，其反思的内容主要集中在程朱理学上。他认为程朱理学空谈义理，导致空谈误国。因此，顾炎武倡导经世致用,以崇实致用的学风和锲而不舍的学术实践,宣告了明末空疏学风、空谈义理的终结,开一代朴学先河。

进而让学生思考,如何才是真的做到"天下兴亡,匹夫有责",努力承担社会责任呢? 有的学生会谈到努力学习,还有的甚至会谈到最近的一些时事新闻,例如如何评价中美贸易战等等。这样对家事国事天下事的关注不正是家国情怀的体现吗? 更进一步思考:时至今日,我们该如何对待传统儒学呢? 不仅是批判继承,并且要与时俱进。这里的提问更像是教师自己的一段"独白"。什么样的人才是现代社会的合格公民? 没有标准答案,但每个学生的心里都有了自己的答案,家国情怀悄然萌发。

第二节　中学历史课堂家国情怀素养培育现状调查

对于中学历史课堂培育学生家国情怀素养的研究,主要从学生、课堂、教师这三个层面展开调研和分析。针对不同研究层面的特点,采取调查问卷、课堂观摩、个别访谈等形式试图有效了解其现状。

一、问卷的目的

为深入了解中学历史课堂培育学生家国情怀素养的现状,探寻目前历史教学培育学生家国情怀素养的主要方式及存在的问题,特设计了针对中学生群体的调查问卷,以期为本研究提供分析现状的切入点,并作为例证,从而在此基础上提出教学优化的建议,落实立德树人的根本任务。

二、调查结果与分析

笔者的调查从中学生对于家国情怀的认知、历史课堂中家国情怀的培育现状、培育成效这三个维度展开。

(一)中学生对于历史课堂家国情怀素养内涵的认知状况

有近一半的学生认为历史课就是单纯学习历史知识,实质即应付考试。说明在应试教育的大环境下,部分教师难免只注重历史知识讲授而忽视情感教育的落实。不过也有四分之一的学生认为,历史课最大的意义在于借鉴历史经验,也就是说学习历史是为了以古鉴今,说明对高中生进行家国情怀素养的培育有一定基础。

中学生对于家国情怀素养内涵的了解程度方面,完全清楚家国情怀素养内容的只有22人,占10.42%;比较清楚家国情怀素养内容的有46人,占21.80%;说不清家国情怀素养内容的有73人,占27.49%;完全不清楚家国情怀素养内容的有32人,占15.17%。总体来看,大部分学生对于家国情怀素养的内容有一定了解,但不够清楚,表明大部分历史教师在教学中较少对学生阐释家国情怀素养概念的内涵。

中学生认为身边同学完全不具备家国情怀素养的有36人,占17.06%;具有一点家国情怀素养的有433人,占20.38%;说不清楚的有48人,占22.75%;非常具有家国情怀素养的有29人,占13.74%。说明当前中学生群体普遍具有一定的家国情怀素养,但由于其对家国情怀内涵了解的不全面,因而家国情怀素养的培育仍需要不断加强。

(二)历史课堂家国情怀培育的情况

大部分中学生认为老师会在历史课堂上补充家国情怀素养的相关内容,说明大部分教师在历史课堂教学中,会有意识地补充一些材料来培养学生的家国情怀素养,但其关注程度不一。

中学历史课堂上培育家国情怀素养的方式主要是讲授法和多媒体法,场馆法较少。接近70%的学生更喜欢老师在课堂上既能联系实际生活又能扩充更多具体的知识,说明学生更愿意学习与自己生活经验有一定联系的历史知识。

中学生中超过60%的人认为学习先贤精神,立志成才报国是具有家国情怀的表现,并且有超过半数的学生认为"注重历史知识的学习和应用"就是具有家国情怀素养的表现,而选择"重视民族文化和人文精神""具有合作精神和竞争意识""有社会公德意识"等学生的人数较少,说明目前高中生群体的家国情怀素养培育的深度不够。

(三)目前中学生家国情怀素养培育的成效

对学生的家国情怀素养培育应注重个人对于家庭、社会、国家、世界的责任感、使命感这几个层面的考察。家国情怀的重要内容是爱国主义教育,中学历史教材中对这一点较为突出的表现就是对爱国英雄的描写,而在日常生活中,中学生具有家国情怀的起点则是关注社会时事政治等新闻媒体报道,因此本次问卷中以中学生对社会时事政治等新闻媒体报道关注程度为切入点,了解中学生家国情怀素养培育的成效。

中学生对于历史教材中的英雄人物(如姚子青)的印象不够深刻,40.28%的人完全没印象,25.12%的人有一点印象,19.43%的人知道姚子青是抗战英雄,只有15.17%的人能说出姚子青的主要事迹,说明中学生家国情怀素养培育有待确切落实。

中学生对于社会时事政治等新闻媒体报道关注程度较高,说明学生愿意了解当前所处的世界,也说明当前家国情怀素养培育有一定的成效,但仍需加强。从调查问卷的数据分析来看,总体而言,大部分中学生对于家国情怀素养内涵的了解不够透彻,教师在课堂教学中对于学生家国情怀素养的培育落实度不高,对于家国情怀素养概念的阐释和情意的培育不到位,因而学生家国情怀素养培育有待进一步落实。

三、中学历史课堂家国情怀素养培育的个别访谈

教师在课堂上起着主导作用,师生在课堂思维碰撞中共同成长。如何在中学历史课堂中落实家国情怀教育,是每个一线教师必须面对的问题,一线教师也最有发言权。对于家国情怀素养培育的研究,仅以问卷调查和课堂观摩的形式,不足以展现教师对于家国情怀素养的理解、落实及教学设计的体悟,因而对教师进行个别访谈加以补充。教师如何理解家国情怀教育,如何在历史课堂上实现家国情怀素养的培育以及在实践过程中遇到哪些具有普遍性的问题等,都应该成为我们所关注的要点,这也是探讨如何更好地在中学历史课堂落实家国情怀素养培育的突破点。因此采取对一线教师进行访谈的方式,对他们的个人经验和意义建构作"解释性理解"或"领会"。了解一线教师对于家国情怀素养的理解以及其情感、价值观念和知觉规则,从而分析在课堂上展现出来现象的"质"。

(一)教师对于历史学科家国情怀素养的理解情况

教师对于家国情怀素养的理解和内化对于落实该素养的培育具有重要价值,但在访谈的过程中发现,教师对于历史学科家国情怀素养存在理解不足的情况。

教师B、教师D、教师F认为现在核心素养的研究的确很热门,认为家

国情怀素养就是在原来的情感态度价值观基础上更加注意对学生的价值观教育,对于家国情怀素养的理解主要是基于课程标准的阐释,在教学中会选择性地使用,并没有进行深入研究。

也有部分教师认真学习了一些专家学者的相关研究文章,例如教师A认为:家国情怀素养更多的是一种以人为本的教育理念。家国情怀素养和其他四大素养是课堂不同层面的表现。也就是说,对学生进行家国情怀教育贯穿于在常规课堂的每个部分,而不是只在课堂的某一个部分或者内容专门体现出这一点。

(二)在平时的课堂中如何让学生体会到家国情怀

教师在常规课的讲授中,对于家国情怀素养落实的较少,有的教师认为主要就是对学生进行爱国主义教育。受访教师中,教师A、教师C、教师E、教师F、教师G都选择了中国近代史"近代化的早期探索与民族危机的加剧"这一单元的教学内容,来举例说明如何落实家国情怀。教师C、教师F表示,课堂上由于时间的限制等因素影响,教师与学生之间关于家国情怀的交流较少,主要就是学生听老师讲或者观看教师提供的视频资料等。

访问者:您平时在课堂上如何让学生感受到家国情怀?请结合具体课例谈谈。

教师C:我一般会找一些相关的视频,因为学生会比较感兴趣,可以调动课堂氛围,吸引学生的注意力。例如在讲《新民主主义革命的开始》这一课时,我会让学生观看《建党伟业》中陈独秀演讲的片段,让学生真切体会那个时代的人的所思所想,思考五四运动爆发的原因。学生在慷慨演说中,能够体会到陈独秀等人的拳拳爱国之心。

教师G认为,在历史教学中,有些情感是外显的,而有一些情感则是内隐的,有些情况下,不一定需要教师刻意点出来,学生在看到内容的时候就能够体会其中所蕴含的情。可以看出,一些教师对于家国情怀素养的理解和落实仅限于爱国主义教育层面,对于家国情怀素养的理解和具体落实不一致。

(三)落实家国情怀素养存在哪些困难

在受访教师中,教师B、教师C、教师D、教师G都提出,由于课程安排较紧,没有足够的课堂时间留给学生思考、体悟,常规课堂上的家国情怀教育大多是一带而过。课堂上，家国情怀素养的培育主要是爱国主义情怀方面，其他方面较难落实，某种程度上，家国情怀素养的培育只是课堂的点缀。

另外教师A和教师B表示，家国情怀素养培育是一个很难标准化的教学，可以向别的老师学习理念，但无法做到复制，因而教师必须有一定的人生阅历和阅读的积累，才有可能实现自身对家国情怀的内化，这也是培育学生家国情怀的前提。教师D表示，教师能够使用的与家国情怀素养培育要求相一致的教学资源有限，目前仍然只能靠自己独自摸索前行。

教师A认为，家国情怀素养的培育容易受到课堂生态的影响，学生和教师之间存在信息的落差，如阅历之间的差距，对同一个内容的接受度、理解度不一样，学生和历史之间天然存在的时空距离，这种距离让彼此之间的陌生感无法忽视。教师A举了一个她遇到的例子来说明这一点。

教师A：我在讲《甲午战争》这一课时，讲到了"致远"舰管带邓世昌临危不惧、指挥"致远"舰撞向日军指挥舰"吉野"号，准备与之同归于尽。最终，"致远"舰被鱼雷击中，邓世昌与全舰官兵壮烈殉国。邓世昌落水后，他的爱犬多次相救，邓世昌都拒绝，最终与爱犬一同殉国。

在我们看来，学生关注的应该是邓世昌全舰官兵英勇作战、以身殉国的爱国之情，对学生的情感教育就自然而然生成了。但是真正上课的时候却发现学生的关注点几乎都在"军舰上是否可以养狗""全舰官兵都以身殉国了，那么这个故事是如何被了解的"？如上例中无法正确处理好这种信息的落差和时空的距离，师生之间的互动就会变得生涩勉强，无法顺利进行。

（四）如何才能更好地落实家国情怀素养培育

受访教师对于如何更好地落实家国情怀素养培育有一定的思考。

教师A、教师B、教师C、教师G都认为，教师要多看专业相关的书，教师备课要尽量多地去了解整个课程内容的背景，对于教材的知识点有充分的了解，打好基础。教师F提出，要正视高考指挥棒的作用，家国情怀教育与应试教育并不是对立的，可以调和兼顾，将家国情怀内隐于课堂教学之中。

教师A提出，教师要转变自身的教育价值观，与学生共同成长，要让学生参与家国情怀素养培育的过程,引起学生真正的情感共鸣。要给学生构建一个能够引发其兴趣的教学情境,让学生参与历史真相的探究过程,对学生的内心产生触动。严谨的、能够贴近学生生活的家国情怀素养的培育才能够做到"润物细无声"。例如之前提到的甲午战争中的邓世昌英勇殉国的例子,如何能够更好地让学生体悟到家国情怀呢? 教师A在之后的教学中做了一些调整。

教师A:我先给学生简单介绍了邓世昌。随后给学生展示:日方材料《田所广海勤务日志》(上海书店出版社影印出版),中方材料《清史稿》《点石斋画报》、李鸿章上报朝廷的奏折、"来远"舰水手的回忆录以及美国人马吉芬的相关记载。让学生思考,为什么我们看到的三方材料的记载有所出入? 这些记载共同说明的一点是什么?

通过对上述三方材料的分析论证,看似推翻了原有的结论,实际上却能让学生认识到:邓世昌等人确实是英勇奋战,而最终为国牺牲。即使没有细节的支撑,邓世昌也值得被我们铭记。而那些细节的刻画,既体现出清政府想要以此重新整合社会力量、塑造"理想型"的民族英雄,同时也体现出时人们对于民族大义的推崇,对于"救亡图存"号召的迫切。学生也能够了解研究历史的基本方法,因而对于邓世昌等人英勇殉国的事迹产生由衷的敬意,家国情怀在学生心中萌发。

四、中学历史课堂家国情怀素养培育存在的问题与原因分析

中学历史课堂中家国情怀素养的培育是课堂多维的一面。结合笔者问卷调查、教师访谈及对常规课观摩的情况进行分析,目前家国情怀素养培育的落实情况不尽如人意。

(一)主要问题

1.教师注重知识技能的教育,轻视家国情怀素养的培育

教师对于家国情怀素养的培育重视程度不足。家国情怀素养培育难以通过目前的评价体系测量,且在监督力度不足、要求较低的情况下,很多教师轻视其培养过程。在常规课堂上,教师将更多精力投放于知识的传授,对于家国情怀教育长期忽视或者仅仅有形式化的家国情怀教育,没有将其放在与知识讲授、能力培养同等的高度,只是将其作为激发学生兴趣的方式,视为课堂的点缀,教学力度相对较小。

2.教师将家国情怀教育一定程度上等同于为爱国主义教育

部分教师对于家国情怀素养的理解较为浅显,将家国情怀素养的培育等同于爱国主义教育、思想教育,忽视家国情怀素养内涵的其他方面,对于家国情怀内涵中的国际意识层面涉及较少。并且在课堂上,设置的教学目标较为笼统,如"培养学生的爱国主义精神""维护祖国统一"等,忽视了学生真实的思想情感需求,可操作性不足。

3.家国情怀教育流于形式,学生被动接受,参与度较低

中学历史课堂中,家国情怀教育很大程度上沦为理论灌输式的思想教育、说服教育。部分教师直接将自己的结论告诉学生,学生较少参与其思维过程,理解较为困难,学习缺乏趣味性,只是被动地接受教师的看法,学生的课堂参与度较低。部分学生可能会产生疑问,但教师不能充分摆事实、讲道理,而是简单地将教师的价值标准作为学生家国情怀素养培育的评价准则。

4.学生对家国情怀内涵的理解较为片面

学生对于家国情怀理解较为片面,大部分学生认为家国情怀就是讲爱国主义,内容空洞、无法实现,并且教师提出的一些家国情怀的目标距离自己的生活较远,因而学生不愿意更多地联系自身实际生活加以思考,参与课堂的积极性不高。

(二)原因分析

1.教师对于家国情怀素养理解、内化不足

教师在教学设计中,对于家国情怀素养的认识和理解不够透彻,处于一个浅层水平。因而导致教师设置的价值观培育目标较为笼统,可操作性较差。过于崇高的目标让学生觉得无法达到,参与其中的热情较低。教师在家国情怀素养培育中处于道德高位,居于指导地位,很容易将自己的价值观全部复制给学生。并且教师较少关注自身如何实现家国情怀素养内化的过程,所理解的家国情怀与他们在实际教学中体现的教育价值观并不一致。

只有教师自己先做到严谨,对于教学内容中内隐的家国情怀素养有深度把握,学生才能够得到一个较好的示范。从而让学生能够既保有质疑精神,又掌握求真方法,从中获得有益的启示和感悟,而不是把历史学习停

留在听故事的层面,或者单纯是为应付考试的层面。这样也是对教师提出了更高的要求,一堂好课需要很长时间的精心准备,需要查阅很多的书,教学设计也需要不断地打磨,从而适应学生可能会不断冒出的新问题。

2. 家国情怀素养培育的成效具有长期性,现有评价方式难以进行有效测评

家国情怀素养的培育成效难以通过传统的纸笔测试等进行及时检测,其成效较难量化、标准化和外显化,具有长期性等特点,需要长时间的观察。与之相匹配的、对课程实施过程进行评估或监督的理论框架与技术手段尚不完善,存在评价标准单一化、绝对化的情况,测评的准确性和可操作性不高。

教师在常规课中,不知道家国情怀素养培育到什么程度才算是达到课程标准所提出的学生家国情怀素养培育的基本要求,因而家国情怀素养的培育很大程度上依赖于教师的自觉程度、对家国情怀理解和内化的深度。因而教师很容易将家国情怀教育形式化,或者将家国情怀教育等同于爱国主义教育,停留在理论灌输层面,无法真正帮助学生养成家国情怀教育。

3. 与家国情怀素养培育要求相一致的高质量的教学资源较少

史学阅读和人生经历的积累是教师进行家国情怀素养培育和内化的重要途径,但并非一朝一夕能够达成的。也就是说,教师能够很快接受家国情怀素养等新理念,但由于精力有限等因素的影响,无法做到短时间内将理念和教学实践有机融合,造成思想与教学实践存在"两张皮"现象。并且教学实践中的问题是具体的且多样的,教师无法仅通过理念的学习而从容应对所有问题,因而教师需要解决具体问题的"示范",也就是需要与《义务教育历史课程标准(2022年版)》中家国情怀素养培育要求相一致的教学资源的引领和启发。但是目前学界关于家国情怀素养培育落实的相关研究,主要是一线教师对于家国情怀素养落实的一些零散的思考,且评价标准不一,都是"摸着石头过河",难免良莠不齐。而类似何成刚主编的《历史课标解析与史料研习丛书》等,将解读课程标准和史料研习的高质量著作较少,无法从根本上解决一线教师巧妇难为无米之炊的实际问题。

第三节　中学历史课堂家国情怀素养培育的
原则与途径

一、中学历史课堂家国情怀素养培育的原则

（一）人文性

家国情怀是个体对国家、民族和文化等方面高度的认同感，是学习和探究历史应具有的人文追求。中学历史课堂家国情怀素养的培育，归根到底是致力于"人"的发展，因而人文性是其培育的出发点和落脚点。教师作为历史课堂的重要组成部分，更应该成为与学生共同养成家国情怀素养的同路人与引路人。教师价值取向的转变对于教学样态的转换尤为关键，教师要把"人"的发展作为价值取向，重视学生在学习过程中的参与感和成就感以及各方面素养的提升。并且教师自身对家国情怀素养培育目标应有认同与内化，从而真正实现用生命感受生命、用情怀滋养情怀。

（二）适切性

家国情怀素养的培育需要根据教学内容和学生"因地制宜"，因而适切性不可忽视。一方面，家国情怀素养培育要考虑学生的生活经验，努力减少学生和历史之间的距离感和陌生感，适应学生的需求和兴趣，协助学生养成家国情怀素养。另一方面，家国情怀素养培育要和教学内容相适应，并非所有的教学内容都具备家国情怀素养的培育高度，且家国情怀素养培育的内涵具有多面性，既关注学生个体的发展，又注重其社会价值，生搬硬套、削足适履，只能适得其反。

（三）浸润性

家国情怀素养培育作为一种情感价值观教育在教学方式上要侧重于浸润性。在学生养成家国情怀素养的过程中，教师要适度引导，不能直接将自己的价值判断灌输给学生，变成传给学生的"教义"，而应该是对学生进行必要的启迪，从而形成良好的师生互动模式。这样的一种互动建立在师生之间平等的基础之上，而非以往"层级型的交往"。同时，在互动中教师要重视学生的情感体验、隐性思维和内心发展，引领学生进行价值判

断,分享彼此的思考,实现互相促进、共同发展。

(四)体验性

家国情怀素养培育的过程要让学生参与,并形成自己的体悟,就必须注重情感教育的体验性。"学习和研究历史意味着在过去和现实之间建立桥梁,观察历史长河的两岸,参与其中。"①换言之,中学历史课堂家国情怀素养的培育,不局限于课堂的某一段进程内,而是更大程度体现在课堂的全过程。不只体现在教师的教学立意、教学设计、教学行为,而是更多的体现在学生的课堂参与、交往、思维、情感体验等状态。历史课堂应从学科特征和学生身心发展规律出发,设计出具有体验性的教学活动,学生亲眼所见、亲身体验,更能激发学生的探究参与感和情感体验感,形成情感共鸣。

二、中学历史课堂教学家国情怀培育途径

基于以上分析,立足于史学研究的范式,我们可以用来作为教学方法使用并达到我们事先预设的教学目标。那么如何选取有效的史学范式呢?那就需要掌握关于历史人物、历史文化、民族关系的相关素材,而这些素材又可以从艺术作品中寻得,也就是说我们得找到一些可以用来解读人物、解读文化的相关史学范式,毫无疑问,艺术史的视域当是一个不错的选择,文学、图像、影视等都含有历史人物、历史文化等因素,因此,在鉴赏文学作品、图像作品、影视作品时就需要考量出现在作品中的人物与文化,在这里,笔者试图基于艺术史的视野,寻找能够用来创设情境并落实家国情怀素养培育目标的途径。

(一)基于文史互证视角的家国情怀培育途径

习近平总书记在党的十九大报告中指出,要深入挖掘中华优秀传统文化蕴含的思想观念、人文精神、道德规范,结合时代要求继承创新,让中华文化展现出永久魅力和时代风采;坚定文化自信,推动社会主义文化繁荣兴盛②。这对中学历史教学中家国情怀的核心素养培育提出了要将社会主义核心价值观渗透于历史课堂教学的规约,兼具人文教育与史料价值功能

---

①徐伟新.社会主义社会发展动力论[D].中共中央党校,1988.
②李务起.弘扬中华优秀传统文化,促进祖国完全统一[J].统一论坛,2022(2):56-59.

的文学作品为其提供了媒介。

优秀文学作品应是社会价值与审美价值的统一,其审美价值取决于文学本身的特性,而社会价值又涵盖了认识、陶冶、教育这三个维度,历史教育回归人文精神与文学本身的教育功能不谋而合,如何实现二者的有机融合呢? 近代中国学术史上陈寅恪先生提出的治史方法——"文史互证"为其提供了可能,所谓"文史互证",一方面以诗为史料,或纠旧史之误,或增补史实缺漏,或别备异说;另一方面,以史证诗,不仅考其"古典",还求其"今典",循次批寻,探其脉络,以得通解。此处的"诗"当作文学的代名词来解释,这种解析文学建构历史的过程让学生从感性上认知文学对于个人情感的熏陶和价值观的指引,从理性上分析历史发展脉络从而形成对知识的把握,文史互证在此有利于实现文学育人功能与家国情怀培育的统一。

1. 以文释史:于诗情与史实间感悟"家国天下"的情怀

文史互证内涵的一个层面就是从文学作品中发掘历史信息,即把诗文当作是解读历史的有效史料与工具。基于历史的视角通过深挖文学中作者叙述的时间、所在的地点、涉及的人物等能够构成史料的成分,对作家的情感达到"了解之真同情",从而把握历史真相。亚里士多德曾说,历史学与文学的区别在于,"前者叙述已经发生的事情,后者叙述可能发生的事情,前者叙述个别的事情,后者描述带有普遍性的事情"。历史记载的是具体的历史事件或史实,文学作品则倾向于表现带有普遍性的事情,它来源于生活又高于生活,当我们把文学作品运用于历史教学上的时候,便自然要把握"情"与"史"的关系,"诗情"是对"史实"的反映,我们可以用来洞察当时的历史,反过来亦是如此。

诗文之所以产生,大抵是因为外在事物让人心有所感触。处在变革中的文人与他们创作的文学尤为明显。王安石便是其中一位。依据《王安石变法》课程标准要求,李惠军老师在这一课中,以诗人的心境、诗境与时运为线索探究变法的命运之艰难曲折,让学生感悟文人"家国天下"的悲悯情怀与忧患意识。其教学思路如下。

引导学生赏析宋神宗熙宁二年(1069),王安石所作《元日》:"爆竹声中一岁除,春风送暖入屠苏。千门万户曈曈日,总把新桃换旧符。"诗中流露出诗人踌躇满志的情感,春节万众欢乐和万象更新景象寄托了诗人除旧布新、强国富民的抱负。诗人的抱负实现了吗? 结合王安石所作《商鞅》:

"自古驱民在信诚,一言为重百金轻。今人未可非商鞅,商鞅能令政必行。"引导学生找出诗中"商鞅"这一"古典"成分,剖析其熙宁二年至六年(1069—1073)变法进入高潮的"今典",探寻诗人对于新法遭保守派百般阻挠的历史现实的无奈与伤感之情。变法命运何去何从? 赏析王安石《泊船瓜洲》:"京口瓜洲一水间,钟山只隔数重山。春风又绿江南岸,明月何时照我还。"讲述熙宁七年(1074)辞官还乡与熙宁八年(1075)再度拜相的历史事实,新法在激烈的争论与恶意攻击中举步维艰,且被罢免的遭遇更使之心灰意冷,在此之后的两次推辞任命都没有能够成功,在这里,教师需引导学生感受诗人发自肺腑的惆怅之情以及对仕途险恶的担忧和新法实施前途的焦虑。复位后的诗人又是怎样继续推行新法的? 利用王安石《梅花》:"墙角数枝梅,凌寒独自开。遥知不是雪,为有暗香来。"陈述王安石在熙宁八年(1075)复相位后再遭罢免,黯然隐退的历史事实。说明诗人变法失败后虽纵情于山水,仍然流露出世路坎坷、壮志难酬的悲愤之感与家国天下之悲悯情怀。

2. 以史证文:从文体演进与内涵阐释中感悟中华优秀传统文化

文史互证内涵中的另一个层面是从史学角度考证诗文,即用史家广博丰厚的历史文化知识考证诗歌,目的在于证明诗歌的史学用途,即证史的价值所在,并以此为依据媒介深挖潜藏在诗歌中的更为深层次的含义。

"凡一代有一代之文学:楚之骚,汉之赋,六代之骈语,唐之诗,宋之词,元之曲,皆所谓一代之文学,而后世莫能继焉者也。"唐诗宋词是中国文学史上的两颗明珠,元曲是继唐诗、宋词之后我国文学史上又一突出成就。依据《辉煌灿烂的文学》课程标准的要求,笔者试以唐诗宋词元曲为例,在探究文体纵向发展演变线索的基础上,产生文化认同感,即历史和文化这个整体在现实中对意识的重新构建,是时代精神通过"当下社会性话语"的断裂和重组。让学生感悟我国优秀传统文化是一个不断吸收和发展的累积沉淀过程,增强自豪感、文化自信心。

呈现三则唐、宋、元的文学体裁:其一为唐代王建的《寄汴州令狐相公》:"水门向晚茶商闹,桥市通宵酒客行。秋日梁王池阁好,新歌散入管弦声。"其二为宋代裴湘《浪淘沙·汴州》:"万国仰神京。礼乐纵横。葱葱佳气锁龙城。日御明堂天子圣,朝会簪缨。九陌六街平。万物充盈。青楼弦管酒如渑。别有隋堤烟柳暮,千古含情。"其三为元代陈草庵的《山坡羊》(一):"晨鸡初叫,昏鸦争噪,那个不去红尘闹? 路遥遥,水迢迢,功名尽在长安道。今日少年明日老。山,依旧好;人,憔悴了。"

　　结合唐长安城与北宋东京城平面示意图,引导学生分析上述三个文学体裁句式特点,说明七言律诗是整齐划一的城市布局在文学体裁上的反映,长短不一的宋词是北宋东京城纵横宽阔的街道设置在这一时期文学体裁上的反映,揭示唐诗到宋词的变化是城市经济进一步发展、都市进一步开放繁荣为冲破原有体制的一种文学现象。进而再结合北宋时期的"瓦舍"与元代的"勾栏",说明随着城市经济的不断发展,文化娱乐业逐渐发达起来,为适应市民生活,一种新的文学体裁逐渐脱胎于宋词,演变成供大众享用的通俗易懂的文学形式——曲,揭示宋词到元曲经历了自由之美到通俗自然的嬗变。最后,通过介绍"燕乐"的来源,进而说明词的兴起源于乐曲。"唐五代词是先有乐,后有词……词所配的是隋唐兴起的燕(宴)乐。"所谓燕乐,即中原以外的地区和国家的音乐,自天宝十三年(754)法曲与胡乐合奏而产生宴乐,说明从唐诗发展而来的词历经了不断吸收发展与累积渐变的过程,揭示宋词的璀璨离不开异域文化与中原本土文化的交流和融合,并且深深植根于中华文化包容与开放的历史传统。

　　3.文史互参:在文学与历史间体悟中华民族多元一体的发展历程

　　历史教学中教师的叙述与史学作品所要呈现给听众与读者的历史内容大体上是一致的,其关于历史教化作用也是一致的,因此,文史结合便可以用来达到教育目的共同选择。历史著作又可以是文学作品的表现形式,《史记》、"杜诗"都是文史结合的典范之作,文史结合便成了优良传统,是"文史互证"方法被应用于历史教学的典型教学方法。

　　中华民族由"许许多多分散孤立存在的民族单位,经过接触、混杂、联结和融合,同时也有分裂和消亡,形成一个你来我去、我来你去,我中有你、你中有我,而又各具个性的多元统一体"①,共同推动了国家发展和社会进步,它的形成有着深刻的历史渊源,融于我国统一多民族国家的发展过程之中。《古代商业的发展》课程标准为"概述古代中国商业发展的概貌,了解古代中国商业发展的特点"。常规教法是呈现历朝历代市的管理

---

① 费孝通.中华民族多元一体格局[M].北京:中央民族大学出版社,2018.

特点并进行比较,列举重大商业市镇以及古代著名都城长安、洛阳等,难免陷入没有抓住"一节课、一个中心",且教学易陷于史实罗列忽略了育人之重要目标的尴尬。其实,中国古代商业繁荣是各族人民劳动、交流推动的成果,唐朝多民族的交流是形成中华民族多元一体格局的重要阶段。鉴于此,笔者将以唐长安城为切口,窥探古代商业发展的概貌和特点,探讨商业繁荣、国力强盛是多民族融合的原因,同时也是结果,让学生体会"中华民族多元一体"形成之漫长,初步形成维护民族团结的大一统意识。

为探究唐长安的商业情况,展示李白《少年行》(其二):"五陵年少金市东,银鞍白马度春风。落花踏尽游何处,笑入胡姬酒肆中。"结合大唐长安城东市、西市的示意图,东市、西市商铺邸店林立,说明诗歌真实地再现了长安市的繁荣。追问:"胡姬酒肆"指的是什么?是唐长安什么情境的真实反映?配以《胡姬肆酒图》,由诗而画,说明身负胡乐与胡舞技能的胡姬与中原唐长安城的酒肆结合起来,体现的是发达商业中的多元文化,真实还原了长安商业市场繁荣的情境。胡姬来自西域,唐长安经济繁盛特点之一便是"胡风浸润",引入元稹《法曲》:"胡音胡骑与胡妆,五十年来竞纷泊。"追问:"胡音""胡骑""胡妆"指的是什么?它们的到来给唐长安带来了怎样的气象?展示《打马球壁画》(唐)和《胡旋舞》(敦煌壁画),唐长安的繁盛经济引得异域文化的渗透;"胡音""胡骑""胡妆""胡舞"等带有异域风情色彩的"胡风"浸润于中原文化的肌体当中,形成了多元文化格局,而这一格局又反过来促进了经济交流和商业繁荣。再辅以一则材料:"李唐一族之所以崛兴,盖取塞外野蛮精悍之血,注入中原文化颓废之躯,旧染既除,新机重启,扩大恢张,遂能别创空前之世局。"进一步探究和佐证西域乃至更西北地区各民族之间的交流与融合,不仅促进中原唐长安城的繁荣商业,而且铸就了唐朝的空前盛世。

当我们在引用文学文本作为史料穿插于教学中时,应当注意我们所选取的诗文、小说、戏曲等文学作品作者所处的时代,既要考察作者写作时的情感,又要探寻作者想要表达的心声,只有在读懂了作者的基础上我们才能够更为准确地理解诗文并作为印证史事的材料,进而引导学生分析文学作品中的事物、人物、社会等等多方面的面貌。此外,作者的经历也是不可或缺的因素,很多诗文材料其实写的就是他们自身的事件,只是含蓄委婉地隐现于他们创作的作品当中,让读者读取作者想要表达的情感。因此正确引导学生分析文学史料是关键。

如何选择合适的历史视角？教师可以选择适合学生认知水平与认知发展规律且难度适中的诗文小说，在建构文学作品运用于教学的逻辑时，可以采用问题链的方式：文学创作的时间是什么时候？它所反映的社会景观是这一时代风貌的具体体现吗？用史实证明诗文的内容是这一时代概貌的微观反映，作者是带着怎样的心态和情感用艺术手法向我们传达了怎样的思想文化？如此抽丝剥茧似的运用问题链构建文史互证的历史教学逻辑，方能将史实与情感的落地淋漓尽致。

（二）基于图像证史视角的家国情怀培育途径

随着历史研究的深入发展，其研究方法与理论也在不断创新，拘泥于文字史料的历史研究法已经无法满足历史学人对历史的重构与认识，随之而来的是除文字史料以外的形象材料，这中间就包含了图像史料，图像的生动性决定了我们可以对过去进行这样或那样的"想象"，而"想象"中的历史又是对过去的断裂与重组。诚然，图像依旧可以同文本史料与口述历史一样，作为人们认识过去的工具，也可以当作一种证词，进而证明历史事实。因此，援图入史、以图证史便成了史学研究的一种新范式、新常态。图片是否真的能以其自身的形象生动性传达给读者某些信息从而让读者入境？就好比城市的旧照片，当把它们放大到一面墙那么大时，观众会产生一种身临其境的感觉，会感到能进入照片并走在里面的街道上。如此一来，图像在教学中可以被用来创设情境，从而引起学生情感上的共鸣，让学生获得情感体验，以期达到情感态度价值观的教学目标。中学历史课程选修部分的史料研读模块对于学生掌握图像史料研读方法提出了规约，知道绘画、雕刻、照片等图像是重要的史料，选择有代表性的图像史料进行研读；认识图像史料的价值，知道对图像史料的运用不仅需要历史学的方法，也需要借助艺术史等不同学科的方法。从图像史学到图像教学，是历史理论到历史教学实践的转变，如何利用好图片进行情感教学是教师智慧的体现，而如何研读图像材料又是一门学问，绘画经常被比喻为窗户和镜子，画像也经常被描述为对可见的世界或社会的反映。绘画是由人创作的，绘画之人必然会传达某种思想或者感情，包括摄取照片之人也会带着某种情感拍照，这也就意味着从画像中我们能够捕捉到过去的人们的思想或者感受,这正是情感共鸣的基石,通过传统的艺术表现手法表达对时代、国家、民族的种种情感。如此看来,引入图片的历史教学能够实现研读史料与情感陶冶的合二为一。

那么,如何利用好图片、怎样解读图片却又是图像史学通往家国情怀的关键所在。正如图像研究学家所描述的那样,对于图像的内涵解释有三种:其一为图像中的事物,比如《敦煌胡旋舞》中的跳舞的胡姬、装饰等人物或者事物,再比如《攻占冬宫》中正在向前冲的战士等,这些都是我们能够直观地用肉眼观察到的;其二为图像的常规叫法,比如《最后的晚餐》中的这顿饭局我们把它定义为"最后的晚餐",也就是所谓的图像的"常规意义";其三为图像的本质意义,这就需要挖掘一幅图像的内在含义并作出合理解释,通过解读图像以"揭示决定一个民族、时代、阶级、宗教或哲学倾向基本态度的那些根本原则"。依然以《胡姬肆酒图》为例,唐朝的繁荣离不开民族文化的交流与融合,充满异域风情特色的胡风与中原唐长安结合,形成了繁盛的大唐气象。基于图像解释的三个层面,结合图像本身的叙事性特点,图像中蕴含的文化因素以及图像中的社会景观等特性,笔者试图在历史教学中落实家国情怀素养的过程中浸透以图证史的方法。

1. 以图为镜:透过图像看物质文化

一幅画有道不尽的语言,我们能够直观地获得视觉体验,诸如画中的人物、画中的物品摆放、画中的自然风景、画中的建筑物等等。从自然环境、历史人物、历史事件、历史现象,到建筑、艺术、日常用品、衣冠制度都是非图不明的。我们不仅能够获得艺术的审美情趣,还能够从艺术作品中了解到历史中的文化,图像即文化,一幅图即一段文化的历史。诚如我们所熟知的,中学历史教材中不乏生动有趣的插图,平铺直叙的历史陈述配上精美与具有动感的图像,可谓相得益彰,在扩大学生阅读面的同时又能够充分发挥他们的想象力,进而培养史料实证的意识。如果拿掉教材中的插图,历史教材将枯燥无比,更不用说去吸引学生的注意以激发他们的求知热情了。中华文化源远流长博大精深,其历史图片万千,又承载着数千年的文化积淀,图像就像一面镜子,其折射出的物质文化,不仅是历史,更是一种时代、民族的精神特质。

2. 以图叙事:在静态画面与动态历史中共情

图像具有叙事性的特点,我们通常把它称为叙事式的图像,画家用静态的画面向读者传达动态的过程,即便是画面静止,但想象无限,依然能够构建出历史的叙述。换句话说,我们能够解读图像,或形成故事,或组成历史发展进程,艺术家必须把连续的行动定格在一幅画面上,一般来说是定格最高潮的那一刻,而观众也必须意识到这幅画面是经过定格的。一个很典型的例子就是法国大革命期间,攻占巴士底监狱这一行动几乎就在刚刚发生后立即通过一些印刷画像表现出来,并迅速广泛地传播开来。可以说象征旧制度的巴士底监狱被攻占在配有说明文字的作用下显得是那么的正当和理所当然,由此可见画像的作用。同时,我们可以根据攻占巴士底监狱的画像来描述当时发生的历史事件并渲染历史氛围,正是描绘事件的画像就像讲故事一样,如此生动以至于让人产生无法磨灭的印象。

3.以图传情:走进作者心灵深处

互联网时代中的我们无时无刻不受到网络的影响,当我们在网络交流平台上看到了亲朋好友晒出的照片时,面对取景好、角度好、人物美、风景美的照片时,不时会感叹谁的拍照技术这么好,拍得真美;抑或吐槽某某拍摄者拍照技术不佳,把人物或是风景丑化了。当我们在观赏历史图片的时候,是否也会去探究拍照者或作者是何人? 他们又是以一个什么样的心态去拍摄或者创作的呢? 这中间便有了诸如见证人与控诉人的角色,我们能够从他们的创作情感中窥探一个时代的概貌与处在那个时代中的人们的心态。中国史学历来有着"左图右史"的传统,对于中学生而言,图片比文字更能够吸引他们的注意,而现有教材插图就是很好的教学资源,可以开发利用起来。

图像引用到教学中来作为证词之时,我们不得不考量图像的显性含义与隐性含义,照片是何人在何时何地拍摄,拍摄的事物是什么;绘画是何人何时在何地所画,他画的是风景、人物、建筑,还是意念当中的事物,或是战争中的人物与武器装备等等。在引导学生分析图像之时,应当首先分析它的表层含义,无论是绘画、漫画、照片等都要首先指出何人所画、所拍是何事物,进而深挖图像的隐层含义,静态的画面在人们的欣赏中能够给予想象,也能够通过直观的感受触动内心深处,萌生情怀。

图像极具故事性,这是我们在援图入史时特别要注意的,因此,需要依据一幅图片讲述一个故事,形成"左图右史、据图说史"的教学示范。故事的生动性与图片的形象性共同构成历史纵向发展的轴线脉络与横向时空领域的历史景象。这就要求我们能够发掘出图像中人物活动的故事,凸显图片的故事性,并用故事与图片讲出历史课程的历史感。

(三)基于影视史学视角的家国情怀培育途径

近几年电影电视行业掀起了一股播放穿越剧的浪潮,颇受观众喜爱。众所周知,电影电视的制作多半有虚构的成分,但是以这样一种方式"播放历史",却受到了大众的欢迎。由此可见,叙述历史方式的改变不仅是史学家历史研究方法的更新,同时也是历史学逐渐大众化的体现。20世纪末,随着新史学研究方式的出现,"影视史学"一词逐渐出现在人们的视野中,最早由美国历史学家海登·怀特提出,在他看来,"影视史学是指通过影像和影片的话语传达历史以及对历史的见解"。被称为图像历史文本的影视中蕴含了一定的史学观念和史学思想,与文字材料一样,它也有着一定的证史功能。正如电影导演罗伯托·罗塞利尼所说:"电影应当成为写作历史的手段之一,或许,它比其他的手段更有价值。"历史的影片就如同历史的叙述一样,也是对历史的一种解释,"影片可以用画面来表现过去,也可以通过表面和空间来概括过去的时代精神"[1]。如果我们觉得文字史料比较枯燥的话,不妨看一看历史纪录片、历史题材的电影或电视剧,甚至是有关历史的雕塑画像、建筑物等等,以一种艺术表现方式向观众传达过去从而理解现在。例如,由陈凯歌导演的影片《妖猫传》其中有一幕上演的是"极乐之宴",影视中有这样一句台词:"杨贵妃借极乐之宴,挥洒出她心中的大唐气象。"与其说是杨贵妃借极乐之宴挥洒出她心中的大唐气象,倒不如说是导演陈凯歌借这部戏还原他心中的盛唐风貌,的确,史书所载出自西域的散乐杂戏之幻术在极乐盛宴上一览无余。现代科技为影片注入了炫酷的特效,给观众美的视觉体验,同时又让观众从影片中获知中国古代盛唐的繁华,对自己国家、文化的自豪感便油然而生,如此,影片引入中学历史教学依然可以引起学生情感上的共鸣,激起情怀。

《义务教育历史课程标准(2022年版)》中"现代音像史料研读"模块将历史影视作为证史的工具和媒介,学生在学习过程中需掌握一定的辨析和解读影视资料能力,从而加深对历史的认识和理解,知道现代科学技术带来了录音、录像等记录手段,了解录音、录像、纪实性影视作品等在记录

---

① 彼得·伯克.文艺复兴时期的历史意识[M].上海:上海三联书店,2017.

100多年来历史方面的独特价值；尝试利用录音、录像等手段记录当今社会的不同方面，掌握整理、利用这类史料的基本方法。而像某些事物如声音、景色、强烈的情感等等，采用播放电影的方式重返历史现场，更能够清晰地表达出来，观众也更加能够切身感受得到影视通过视觉效果传达出的历史，让历史更具有人们所能触摸得到的温度与感受得到的厚重感，这种温度与厚重又是对学生进行情感教育的基础，如此，便有了家国情怀的渗透。以电影《战狼2》为例，这部电影以主人公"冷锋"为视角，贯穿整部电影的情节，塑造了一位具有爱国主义情怀与英雄主义精神的中国军人形象，在中国国际地位得以提升的现实背景下，传达了作为军人捍卫国家尊严的情感，唤醒了观众内心深处的爱国主义情怀。那么，如何利用好影视资源进行历史教学呢？正如我们所熟悉的，电影中不仅有恢宏的场面，还有个性鲜明的人物，更有丰富的剧情与故事线索，把这些都融入日常的教学中，一定能够生发情怀，培养学生的家国情怀素养。以下笔者基于影视史学的视角来谈培养家国情怀素养的教学策略。

1. 以人串史：感知人物情怀

如同历史学家在作历史叙述一样，他渴望着能够通过自己对历史的叙述引起读者的共鸣，让读者也能如他一般认识历史、探索历史。电影制作人也是如此，他塑造的角色，或是让读者学习人物的某种精神品质，唤起观众的某些情结。每一部影片或是历史纪录片都会给观众一个可视的叙事角度，观众能够从历史的叙述中捕捉到历史的事实，这取决于我们的观察角度，即建构现在和未来的东西不是过去本身，而是用语言表达出来的有关过去的形象，而用影片表达的形象能产生更大的力量。这足以说明制片人塑造的人物形象，具有非凡的力量，他不仅能够让观众重回历史现场，还能让观众走进角色的内心世界，去感受一个时代的整体心态。引入影视史学，历史教学能够更形象生动地将枯燥无味、纷繁复杂的历史情节通过放电影的方式展示，能够充分发挥历史学科育人的特质，涵养家国情怀。

人物地位、人物形象、人物事迹无不影响着历史的发展进程，因此，我们能够透过历史人物了解当时的史实，而历史人物也经常会在电影或者历史纪录片中出现，不妨大胆尝试在历史课堂播放3~5分钟小视频，让学生神入历史人物，走进人物的内心去感受当时的社会生活。

2.声形并茂：在声乐与影像中共情

正如我们在日常生活中观看到的影视一样，在观赏影片的过程中，我们不仅要看台词，还会欣赏到好听的音乐，观众在获得视觉体验的同时又能获得听觉的体验，多种感官体验交汇在一起能够让人心潮澎湃、激荡情怀。电影被誉为人类所创造的第七门艺术，它是一门以视觉为主、声画合一的综合性艺术。电影最大的特点就在于声音与画面的统一，正是这种特点能够让学生直观地近距离地感触历史。如何利用好影片或电视等信息时代发达方便的媒体与网络资源，是教师在引入影视史学进行历史教学的问题。影视中的音乐可以说是震撼力极强，况且作为艺术创作的音乐也有它自身的历史，即音乐史也应当被纳入历史的范畴，所以利用更为具有时代性的音乐可以连同时代的历史一起植入人心，听觉的刺激毫无疑问会触发学生的情绪及心理活动，如此一来，在音乐对情境的渲染下，情感的传输似乎也显得不那么生硬而是生动与活泼了。我国教育家陶行知就提到过关于音乐教育有着净化学生心灵和陶冶情操的功能价值，在这一点上，它就为平白的台词增添了许多乐趣与色彩，学生在接受历史知识时也有趣味而不是乏味。电影、影视的声乐可以说是一种极具天然优势的课程资源，学生能够在欣赏、感受、体验的过程中汲取知识与情感的养分，这正是情感教学所需要的。

教育心理学理论指出："运用联想把本来不具有意义的抽象材料与生动有趣的事物联系起来，可以提高记忆效果。"因此影视中配有声乐的对话或者旁白能够让学生把抽象的画面与知识具体化，进而转化为自身比较持久的知识记忆，情感教育与知识记忆在此获得了统一，这是艺术史视野下的教学方法所带来的不可多得的教学效果，那么在实际的教学中又该如何具体实施？这就要结合课本涉及到的史实内容，有针对性地引入影视中的声乐，来让学生动情。

3.虚中探实：在历史影像与现实社会中链接情怀

教师在使用历史影像的时候会生出这样的疑问：当我们把影视作为证史的证据之时，它的可信度有多少？是否真如我们所愿能够用来证史呢？影视作品属于一种艺术表现手法，这就需要我们像甄别史料一样把不同题材和特点的影视作品、历史纪录片等进行分类，然后加以甄别，尤其是中国近代100多年来的纪实性影视作品，具有探究历史方面的独特价值，但是这些录像或是纪录片也有伪证的可能,尽管影视作品中会有一些夸张的艺术表现手法,但不妨碍我们从中捕捉到有效的并且可以利用的历史信息,仍然具有证史价值。往往是这些成分与现实社会关联最为紧密,想要表达对现实社会的某些看法。因此需要科学的整理、利用,方能将它的证史价值发挥得淋漓尽致。影视作品又分为虚构与真实的纪实性历史纪录片,面对虚构的影视作品如何加以利用是历史教师直面的问题。

利用影视教学既是教师的一种教学手段或方法,更是在向学生示范一种认识和思考历史的方法,当我们把历史题材影视作品作为一种史料,首先思考的不应是"信",而应是"疑",即深入思考其证据价值所在。这说明历史题材的影视或纪录片中有虚构的成分,需要我们去质疑进而释疑,即从虚构的历史题材影视中探索真实的历史、真实的情感。

在用影视作品或历史纪录片传播历史知识时,需在一定的思维框架下去观赏和思考历史题材的影视作品或者纪录片,影视作品的创设是实拍地还是后期通过制作合成的,这影响到它的可使用性与证史价值,创作的作者是何人,作者对他所拍摄的历史题材影视的历史事实是否有过考证,影视中的人物是否有历史原型,其相似度又有多少,作者拍摄的动机是什么,他想要传播何种价值观,是否符合当时的时代主流观念,等等。在考证这些问题的基础上,从影视的直观感受深入到作品的内在层次,进而解读更为深层次的内涵。

鉴赏影视作品还需要意识到影视作品的显性特征与隐性特征,不仅要知道我们能够直观清晰明了地观赏到影视作品中的人物或事物是什么,它能够反映怎样的面貌,换句话说,便是结合历史的时段的背景、原因、影响等去赏析影视。此外,还需要认识到导演拍摄历史题材的影视及历史纪录片所要传达的意识是什么。

(四)基于选修课程开发视角的家国情怀培育途径

1.家国情怀素养选修课程开发的基本思路

选修课程即常见的校本课程,校本课程概念容易引起歧义,故课程标准改用"选修课程"的说法。课程标准指出:"历史选修课程是学生自主选择修习的课程,包括在必修与选择性必修国家课程基础上设置的拓展、提高、整合性课程。"这里有三层含义:一是选修课程定位为学生自主选择修习;二是选修课程的基础是必修与选择性必修国家课程;三是选修课程特点是拓展、提高、整合性。这是我们研究家国情怀素养选修课程思路的基本出发点。

(1)选修课程开发的基本原则

2018年5月,在教育部部编历史新版教材《中外通史纲要》试教电视培训活动中,张海鹏教授明确指出,教材编订属于国家事权。虽然课程标准规定选修课程学校可以选用、自编,但必须坚持立德树人目标追求,坚持正确的育人素养导向;依据课程标准,整合课程资源,实现对国家课程有益的拓展、提高,更好地促进学生全面而有个性的发展。这对于以价值观念培养为核心的家国情怀素养选修课程开发而言,尤为必要,尤为重要。

第一,坚持课程标准依据。课程标准是国家制定的关于中学历史学科的规定性文件,是国家意志在中学历史教育教学中的体现,是家国情怀素养选修课程开发的主要依据。依据课程标准,首先,透彻理解课程标准制定的原则和理念,理解立德树人的教育目标追求,理解以历史学科核心素养为主体的课程目标,从而建构家国情怀素养的选修课程主题立意、课程目标与教学目标。其次,准确理解课程标准关于选修课程的定位与要求,理解选修课程的基本特点,从而建构以落实、拓展国家课程中以家国情怀素养为主要目标的课程方案。再次,准确理解课程标准关于教学的建议,理解中学生历史学习的特点及素养培养的基本途径,从而建构以学生活动为中心的家国情怀素养教学方案。最后,准确理解课程标准关于学业质量评价的建议,探索适合选修课程特点的评价,从而建构以学生家国情怀素养发展为目标的评价方案。此外,依据课程标准还体现在选修课程素养发展目标、课程内容、教学过程、评价等方面,本章将在相关部分分别予以解释。

第二,坚持素养发展目标课程标准指出,历史课程要将培养和提高学生的历史学科核心素养作为目标,使学生通过历史课程的学习逐步形成具有历史学科特征的正确价值观念、必备品格与关键能力。课程目标的确定,反映了一定社会、生产和科技发展的客观要求。在历史学科核心素养诸要素中,家国情怀素养是"正确价值观念、必备品格与关键能力"目标的集中体现。因此,开发家国情怀素养选修课程不但与国家课程目标一致,而且能够强化促进学生主体素养目标的养成与发展。

家国情怀素养发展目标要与课程标准相关规定保持一致。课程标准关于家国情怀素养课程目标规定如下：在树立正确历史观基础上，从历史的角度认识中国的国情，形成对祖国的认同感和正确的国家观；能够认识中华民族多元一体的历史发展趋势，形成对中华民族的认同感和正确的民族观，具有民族自信心和自豪感；了解并认同中华优秀传统文化、革命文化、社会主义先进文化，认识中华文明的历史价值和现实意义；了解世界历史发展的多样性，理解和尊重世界各国、各民族的文化传统，具有广阔的国际视野，树立正确的文化观；认同社会主义核心价值观，认同走中国特色社会主义道路是历史的必然，树立中国特色社会主义道路自信、理论自信、制度自信和文化自信；能够确立积极进取的人生态度，塑造健全的人格，树立正确的世界观、人生观和价值观。

从课程标准整体分析，教学目标、学业质量等的设计与课程目标保持一致。选修课程的课程目标与教学目标、评价等也要保持一致。选修课程的课程目标可以围绕课程标准家国情怀素养目标整体建构，也可以从中选取某一主题角度。正如前引王旭明"地方课程、学校课程一定是弥补国家课程空间大、内容少、内容单薄的不足"所言，选修课程应该以解决国家课程的不足为主要目的。因此，考虑到教师开发选修课程的诸多困难，我们倾向于从家国情怀素养目标中选择某一主题，结合学业质量等相关描述，建构选修课程以及课程的素养发展目标。

坚持素养发展目标，需要高度重视知识与素养发展的辩证关系。知识与素养的关系问题是学界一直关注、争论的焦点问题，也是教师理解素养目标的主要障碍之一。课程标准强调："要实现基于历史学科核心素养的教学，教师须确立新的认知观、教学观和评价观，从知识本位转变为素养本位，努力将学生对知识的学习过程转化为发展核心素养的过程。""知识本位转变为素养本位"意味着教师要走出熟悉的甚至是固化了的知识教学观，这种转变需要一个艰难、长期的过程，关键在于建构有效的"知识—素养"联系途径。我们比较认可浙江师范大学李润洲教授的处理方案："首先，将素养目标知识化，即把要培育的学生素养转化为可操作的知识。""其次，将知识教学素养化，即根据知识的类型匹配恰当的教学方式，将知识目标转化为学生素养。""最后，素养教学评价化，即从素养立意检测学生的学习效果。"

但是,这里切记素养目标知识化,即学生懂得历史核心素养知识,对于家国情怀素养而言,是需要学生逐渐内化的过程,这仅依靠知识的传授是难以实现的。学生家国情怀素养需要学生经历体验感悟与认同践行的长期过程,以铸就知行合一的必备品格。所以,坚持素养发展目标,特别强调学生"做中学,学中悟",即强调学生的活动导向。

第三,强调学生活动导向。20世纪初,以杜威为首的学者掀起了美国的教育改革。其中,杜威提出了"活动课程理论"。我国学者有一种观点认为活动课程"就是以儿童的生活活动为课程内容,以儿童的兴趣、需要和能力为编制课程的出发点,由儿童通过自己组织一系列的活动进行学习,取得经验,掌握解决实际生活问题的知识,培养兴趣、能力和各种品质的课程理论"。可见,一般而言,活动课程立足于儿童教育,也与建构主义理论相关。"做中学,学中悟"是活动课程的主要特征。1992年国家教委颁布的《九年义务全日制小学课程计划(试行)》将"活动课程"正式纳入课程体系。后来进一步扩展到初中教育。1997年颁布的《全日制普通高级中学课程计划(试验)》将"活动课程"纳入课程体系,进一步发展到高中教育。21世纪以来,对学生学习活动的关注呈现出不断发展的趋势。

学生活动是素养发展的主要途径。课程标准指出:"学生的历史学科核心素养不能凭空形成,也不能只靠灌输形成。只有通过以学生为主体的活动,在做中学,进行自主学习、合作学习、探究学习,在认识历史的过程中联系和运用知识,掌握探究历史的方法和技能,逐步学会全面、发展、辩证、客观地看待和论证历史问题,才能使学生的核心素养得以提升和发展。"其中家国情怀素养具有特殊性,其培养过程主要是学生"认同"的学习发展过程。这更加强调学生在活动中"做中学,学中悟"。

对于选修课程而言,学生的学习活动有多种形式。如阅读文本活动、参观访谈活动、影视观摩活动、研学旅行活动、学生社团活动等。课程标准在选修课程"史学入门""史料研读"解释中,均采用编写教材,学生历史阅读活动的形式。对于高中生而言,这种方式比较适合学校的课程环境,也便于教师相关课程的开发。学生历史阅读活动,前提是选修教材的设计编订。选修课程的教材与国家课程的教材编订原则相同,而内容呈现方式不同。在课程标准对必修、选择性必修及选修课程的教学建议中,均强调问题情境的呈现方式与要求。因此,家国情怀素养选修课程的教材设计,要尽量避免理论性、概述性内容,而应建立在学生自主学习的基础上,呈现活泼生动的材料问题情境。

选修课程的情境设计多样,需要结合学习任务(问题)设计,实现多样化历史核心素养培养。课程标准在"创设历史情境"时强调"历史是过去的事情,学生要了解和认识历史,需要了解、感受、体会历史的真实境况和当时人们所面临的实际问题,进而才能去理解历史和解释历史"。这是对历史情境创设理由的解释。同时,课程标准提出"以问题为引领"的历史情境创设要求。学生学习任务的创设要紧扣历史核心素养,以实现学生素养发展为目标。情境设计与问题设计要逻辑一致,能够为学生完成学习任务提供有效的信息支撑,避免启而不发、启而难发现象。对于家国情怀素养而言,教师熟悉常态的能力立意学习任务设计。凸显家国情怀素养的学习任务设计与参考答案属于新观念,教师比较陌生,设计比较困难。所以,教师需要不断深入学习研究家国情怀素养,提升自己的素养水平。

(2)研究确立选修课程主题

选修课程开发的内容主要有两个方面:一是建构比较完整的课程结构,如课程主题、课程纲要、教学方案、评价方案、教参方案等,可以使用"课程介绍"或"课程纲要"的形式集中概括。二是具体的教学内容,如学生活动方案的设计、学生教学用书的内容安排等。

第一,选修课程主题建构思路。家国情怀素养是历史核心素养的组成部分,也是本章研究选修课程的主题。对于选修课程而言,家国情怀素养研究主题太大,需要在此主题范畴下进一步建构选修课程主题,这也是本部分所述家国情怀素养主题的主要定位。选修课程开发的驱动力主要来自两个方面:一是教师需要,二是学生需要。教师需要大致有两个方面:完成任务与职称评定需要、兴趣与职业理想。前者是被动型,后者是主动型,两者并不是彼此孤立的,而是常常交织在一起,对选修课程开发及不断发展都有意义。但是,基于教师兴趣与职业理想的动机,更有利于推动选修课程的持续发展。学生需要一是基于高考需要,二是基于自身的兴趣追求。高考需要主要来自高考选科学生,相应的选修课程要有一定的思维深度,追求较高素养水平目标。学生兴趣追求在高考物理、历史两科只能选其一的情况下更有现实意义,能够让选择物理高考科目的学生也接受历史核心素养发展教育。

　　家国情怀素养主题的发现要求教师具有问题意识。问题的发现是确立选修课程主题的前提，教师首先要具有问题意识，能够从教学研究与实践中发现问题，进而提出问题并解决问题。主题发现的思维路径，一是从课程标准关于家国情怀素养课程目标的解读中建构选修课程主题，如国家观主题、民族观主题、文化观主题、世界文明交融主题等。二是从必修课程与选择性必修课程中寻找相关主题。如国家制度与社会治理模块，国家制度下的人生主题，就是典型的"必修国家课程基础上设置的拓展、提高、整合性课程"。三是可以借鉴《普通高中历史课程标准（2017年版2020年修订）》选修课程的主题。历史上重大改革回眸、近代社会的民主思想与实践、20世纪的战争与和平、中外历史人物评说、探索历史的奥秘、世界文化遗产荟萃等六个选修模块，蕴含了大量能够反映家国情怀素养的主题内容。四是可以借鉴教师熟悉的高考专题复习、主题复习的思路，甚至可以将其中一些主题围绕家国情怀素养，进一步拓展、深化形成选修课程主题。如"西方人文精神"专题复习，完全可以建构"西方人文精神探索""中国人文精神探索"及"人类人文精神探索"等选修课程主题。

　　家国情怀素养选修课程主题，一般而言尽可能小而精；主题目标鲜明，能够集中解决家国情怀素养中的某一个问题。家国情怀素养选修课程最好的方式是师生共同建构开发。因此，教师可以在学生中做调查，了解学生需求，在此基础上结合家国情怀素养建构主题。在课程开发设计，乃至教学过程、评价等环节，都可以邀请学生一起进行。师生共建选修课程，甚至学生团队自主开发选修课程，才是学生家国情怀素养发展的最佳途径。

　　第二，家国情怀素养主题分类。从家国情怀素养内容基本分类出发建构选修课程主题也是一种思路，与上述主题建构基本一致，只是更加突出主题特征。家国情怀素养一般包括生命意识、家国情怀、人类命运共同体三个主要部分。上述"国家制度下的人生主题"属于生命意识教育部分，"国家观、民族观、文化观"属于家国情怀部分，"世界文明交融主题"则属于人类命运共同体范畴。

　　教师家国情怀素养的本质是"人"的教育，即生命教育。教育的本质是生命教育，立德树人这一教育目标就是其充分体现。我们需要强调的是生命教育有理念上的共性追溯，代表人类共同价值追求与发展方向。同样，我们也要根据今天中国所处的社会发展水平,作出适应的调整,即具有中国特色的生命教育,集中体现于家国情怀素养与人类命运共同体等相关理念中。结合历史课程,即家国情怀素养集中体现的历史学科特色的生命教育。

（3）研究设计选修课程纲要

选修课程主题确定以后,就要研制选修课程纲要。一般而言,课程标准是国家规定某一学科的课程性质、课程目标、内容目标、实施建议的教学指导性文件,是国家对某一学科学业的规范标准。选修课程开发的主体是学校、教师,不是课程标准建构的主体。

研究选修课程纲要,首先要研究确定选修课程的基本结构。其次要研究确定选修课程目标。选修课程目标要与课程主题保持一致,容易操作的是摘选家国情怀素养课程目标相关部分,但要注意目标层次,如"家国情怀国家观念探索"选修课程等。课程目标第一层次为"在树立正确历史观基础上,从历史的角度认识中国的国情,形成对祖国的认同感和正确的国家观"。第二层次为"能够将历史学习所得与家乡、民族和国家的发展繁荣结合起来,立志为新时代中国特色社会主义建设、中华民族伟大复兴作出自己的贡献"。第三层次为"认同社会主义核心价值观,认同走中国特色社会主义道路是历史的必然,树立中国特色社会主义道路自信、理论自信、制度自信和文化自信;能够确立积极进取的人生态度,塑造健全的人格,树立正确的世界观、人生观和价值观"。再次,要研究确定选修课程内容。确定了主题、目标之后,就要寻找典型案例素材建构具体的教学内容。课程标准指出设计中学历史课程内容的主要依据之一是:"注意吸收历史研究的新成果,使课程内容体现出历史学科的发展,在此基础上,精选基本的、重要的、典型的史事,并为学生提供认识历史的多个角度,注重引导学生对历史的探究。"其中的关键词一是"历史研究的新成果",二是"精选基本的、重要的、典型的史事",三是"多角度"。这为选修课程内容选择提出了指导性意见。

选修课程内容要适合学校整体课程计划的实际情况,课例不宜太多,以每学期大约18周实际教学时间计算,10～16节比较合适。每节课的内容要求文字表述形式,可以参考《普通高中历史课程标准(2017年版2020年修订)》,如"知道分封制与宗法制,认识中国古代政治制度的特点",内容要求比较明确。但是,要注意家国情怀素养主题的课程内容要求,要反映相关的素养要求。

(4)研究设计选修课程学生学习活动方案

选修课程主要建构以学生学习活动为主的教学方式,有课堂、课外、课内外结合等形式。课堂学生学习活动设计即教师熟知的教学设计。课程标准指出:"基于培养学生学科核心素养的教学设计,……要以学生的学习与发展为教学的本位、重点,以调动和发挥学生历史学习的积极性、主动性和创造性为核心,以学生的学习活动为实质性线路,以学生的自主探究活动为中心展开。真正实现以学生学习活动作为整个教学活动中心的'学习中心课堂'。"这是学生学习活动为中心的教学设计基本内涵与要求。课外学生学习活动设计与课堂教学设计有所不同,主要呈现为学生学习活动方案设计。课内外结合的形式也比较常见,如:学生课外完成课堂教学所需的查找资料等学习准备工作,课堂完成学习活动;课外完成学习任务,课堂学生汇报分享、研讨交流;等等。

第一,研究教学目标,明确学习任务。家国情怀素养选修课程目标的设计可以概括为"一中三层","一中"指的是以培养和发展学生的家国情怀素养为中心目标。课程标准指出,在教学实践中,教师要将教学目标、教学内容、教学过程及教学评价等聚焦于培养和发展学生的历史学科核心素养。运用于家国情怀素养教学目标设计,培养和发展学生家国情怀素养是目标核心,教学内容、教学过程及教学评价方案都要围绕这个目标展开,为实现素养目标服务。"三层"指的是素养中心目标下的三个层次:一是课程的素养主题形成的课程目标;二是课程素养目标下若干课堂教学素养目标;三是课堂素养目标下若干学习任务构成的具体任务目标(问题)。"三层"素养主题目标逻辑一致,如家国情怀素养目标贯穿"三层目标";"三层"呈现同一素养目标由大到小、由宏观到具体的前后变化;"三层"目标由课程学生学习活动的形式变化呈现变化,如课堂教学"三层"结构清晰分布,课外活动则可以综合一体,也可以层次分列。"三层"比较抽象,我们通过选修课程素养目标结构呈现。

第一层是课程的素养主题形成的课程目标,前文"研究确立选修课程主题"已经做了详细探讨。这里需要再次强调的是选修课程素养目标内容分类构成的课程目标,如围绕生命教育(生死观、人生观、情怀追求等)、家国情怀(国家观、民族观、文化观、民族精神等)、人类命运共同体(经济全球化、战争与和平、文明交流与冲突、世界观等)建构分类目标,越具体越容易突出选修课程主题。

第二层是课程素养目标下若干课堂教学素养目标。课程素养目标下的不同内容、角度、层次、案例素材等构成课堂教学目标,课与课之间素养目标主题保持一致,但每节课内容、探讨角度等不能重复。如上述案例生死观探讨主题不变,价值观不变(生命宝贵、生命尊严意义),但每节课探讨的情境、角度等不同。这是教师开发选修课程的第一重挑战,即在课程素养目标下从不同时代、不同角度选择课堂素养目标,需要教师有比较透彻的家国情怀素养认知、课程开发需求的综合性素养。如生命意识教育,需要相关的哲学知识、伦理学知识、社会学知识等,属于跨学科综合知识。

应对这个挑战,教师首先要做好素养目标分类工作,有清晰的分类、分层意识。如国家观课程目标主题,可以以时间为序,呈现秦汉时期的国家观、宋明时期的国家观、清末民初时期的国家观、新中国成立前期的国家观、21世纪的国家观等。这种以时序建构的分类,比较符合教师的习惯,每节课的素养目标特征鲜明,容易操作。需要注意的是追求课例存在一个由少到多的发展过程,不能一开始就追求分类的完整,要求太高,而应在实践中逐步探索,逐步完善。其次,可以参照《普通高中历史课程标准(2017年版2020年修订)》中选修课程,如"近代社会的民主思想与实践"的设计思路,从模仿做起。

教师开发选修课程的第二重挑战,是由知识到素养目标的转化理解与实践探索。教师习惯,甚至固化了历史知识教学的思维与实践,实现素养目标教学面临艰难的转化过程。在前述"坚持素养发展目标"内容中,我们介绍了李润洲的转化理解与思路。在此,我们从课程标准角度重新建构理解思路。课程标准指出,"在设计教学目标时,教师尤其应注意以下三点:一是要以问题解决的水平程度作为教学目标的核心内容,避免将核心素养的五个方面机械地分离;二是所制定的教学目标要结合教学内容和学生的实际水平,使教学目标具有可操作性,通过教学能够达成;三是教学目标要有可检测性,能够衡量出学生通过学习所表现出来的进步程度。"这三点要求即教学目标的素养主体性、综合性、适应性、可操作性、可检测性,是对素养达成途径的描述,能够帮助解决知识与素养的联系、区别以及教学转化等难题。

第二，依据学习目标，整合课程资源。课堂教学素养目标确定以后，就要设计学生的学习过程性活动方案。之所以不采用传统的设计教学过程的说法，是因为素养目标的实现主要通过学生学习活动，而不是教师传授。学生学习活动强调以学生为主体，以问题为引领，以素养培养与发展为目标。这种学生活动学习理念的实现就需要整合课程资源，设计学习任务(问题)情境，引导学生学习活动。这是一个整体性思考建构的过程，一般呈现出"素养目标确立——形成问题——服务于问题的情境设计——课程资源的选择与整合"的逻辑思路过程。这种思考过程呈现出主动建构的特征，对教师素养要求高。还有一种就是相对被动的建构，也是常态建构，即偶然发现一个或几个能够理解的，且比较适合的课程资源，由此展开一系列学生活动设计。无论主动还是被动建构，都需要解决两个问题：课程资源的选择与整合、学生学习任务设计。

2. 家国情怀素养选修课程的开发实践

(1)课程纲要设计

课程纲要一般包括课程介绍、课程性质、课程目标、课程内容、课程实施建议、课程评价等内容。这些内容及概念比较抽象，对于教师一般会比较生疏难解。建议教师深入研读课程标准，可以得到相关解读与启发。基于家国情怀素养的选修课程纲要，要求从家国情怀的主题立意出发，综合历史学科其他核心素养，充分发挥选修课程重情境、小而精、式样多、趣味浓等特点进行设计。对于高中学生，还要注重学习的深度与广度。

课程介绍，也可以理解为教材编写说明，从课程性质、课程目标、课程内容、课程实施建议、课程评价等内容方面，简明扼要地解释课程整体概况。在第一节研究课程纲要部分，我们建立选修课程基本结构。这种选修课程纲要的基本结构，需要根据学生学习活动的场所、资源对象、活动方式等不同而呈现出不同特点，进行针对性的设计与调整。

(2)学生用书设计

选修课程学生用书，同样需要坚持课程标准关于教科书编写的这些规定。此外，还要研究选修课程学生用书的设计编写特点和基本要求等实践问题。

第一，家国情怀素养选修课程实现方式主要是通过设计营造学生学习情境，推动学生人文情感体验与感悟，进而上升到观念层面，其特点主要是"认同"的学习过程。所以，教师需要透彻理解家国情怀素养达成的"认同"途径，积极营造学生学习情境，推动学生参与、体验、感悟，并及时点拨提升，将感悟升华为观念。选修课程的学生用书，主要包含两个方面：一是学习情境的设计和学习任务(问题)设计。情境设计一般为文字、图片、图表等，需要结合学习任务综合设计(问题)，实现多样化历史核心素养培养。情境设计与问题设计要逻辑一致，能够为学生完成学习任务提供有效的信息支撑，避免启而不发、启而难发现象。常态的能力立意学习任务设计，教师熟悉，容易设计；凸显家国情怀素养的学习任务设计与参考答案，属于新观念，教师比较陌生，要注意研究领会，避免学生用书习题化现象。

第二，要注意学生家国情怀认同是一个逐渐形成的过程，情感体验与观念领悟是主要的两种形式。在课堂教学中，情境学习是学生价值认同的主要实现方式，这就需要教师设计有利于家国情怀素养达成的学习情境。学生观看"黄海海战"的视频片段，往往会沉浸于复杂的情感状态，有悲伤痛苦，有屈辱惆怅，也有澎湃激昂……一般而言，学生表现出自然情感的激发，这就需要教师点拨提升，将朴素情感升华为"爱国官兵事迹体现出的爱国精神、奋斗精神、奉献精神，正是在这种精神激扬下，中华民族一步步实现了国家独立、民族富强"。进而实现"能够具有对家乡、民族、国家的认同感，理解并认同社会主义核心价值观和中华优秀传统文化，具有对祖国和人民的深情大爱"的家国情怀教育目标。情感体验是基础，观念领悟是升华，是家国情怀的固化，是必备品格养成的价值核心。

第三，学生认同需要教师"点拨"。在学生学习、体验与感悟的基础上，价值认同需要学生感悟的基础上，教师及时启发、点拨与升华。如2018年全国I卷文科综合第45题，要求根据材料并结合所学知识，简析汉武帝年号改革的历史意义。年号是"死知识"，教师很难发现其历史教育的价值。即使我们看到此题，通常也是从命题技术、历史解释、逻辑推断等方面思考解题，不会去思考其蕴含的家国情怀素养价值。教学常态呈现从知识到知识的低层次重复，而不能实现历史教育价值的发现与实现，也就是历史教学由知识到素养的教育提升。家国情怀素养已经凸显于高考命题，这需要教师及时理解掌握并落实到教学实践，常用的方式就是教师"点拨"。

如本题简析汉武帝年号制改革的历史意义设问,参考答案为"有利于纪年";"全国统一年号为后世沿用,起到了维护国家统一和主权完整的作用";"传播到东亚其他国家和地区,为世界文明作出了贡献"。答案后两点就需要学生从材料描述的情境现象,上升到正确的国家观、民族观、文化观所体现的家国情怀观念进行解释。这种解释具有质性的升华、抽象特征,而学生现有常态思维观念具有跳跃性,需要教师"点拨"。

第五章　基于历史情境创设的中学历史教学与家国情怀素养培育研究

第一节　历史情境创设培育家国情怀素养的可行性与教学模式

一、历史情境创设概念界定

历史情境创设即教师在教学中根据历史学科特点和学生认知规律有目的地引入或创设以形象为主体的,具有情绪色彩、具体活动且能提供学习资源的场景,使学生产生智力和情感需要和体验,促使学生实施学习活动,同时借助情境传播的信息,引起学生认知和态度体验,从而帮助学生建构知识意义,并使学生认知水平、智力状况、情感态度得到优化和发展的一种教学方式。

(一)情境与情景

情景意为"情形,景象",情境意为"情况,境地"。两者既有区别又有联系。区别在于情景相对微观、单一,主要源于现实某一实景片段,是对某一景物的描述,可以客体形式独立存在,不需要主体参与,相对静态。在教学中,那些客观存在或根据客观所创设的主观情景,更多强调色彩和心理等表征,强调的是让人观看后触景生情。而情境相对宏观、复杂,可来自现实,也可源于建构,由客观存在的多种景物、环境,与主体对这多种环境与景物所产生的情感以及这多种环境、景物所隐含的氛围相互融合而成,呈现动态性。在教学中,情境必须有主体参与,强调身临其境,即主体在客体中的活动状态,包括主体与客体环境、景物和氛围的互动和由此生成的认知与情感。

二者的联系在于,情境中包含情景,情景是对某一时空具体情形的概括,而情境是对某段时空许多具体情形的概括。在教学中,情景服务于情境。

(二)历史情境创设与教师

首先,教师运用历史情境创设需具情境意识,一是创设情境要注意情景与情境的区别与联系;二是激发学生情境意识,促使学生有目的、有意识地去与境中"景"、环境和隐含的氛围互动。其次,教师既要能创设情境,又要能预设情境,要善于依据教学内容和学生特点创设各类情境,并从整体与细节预设情境发展,以便根据教学实际灵活调整情境。最后,教师要善于调控情境,既能根据教学设计呈现情境,并依据学生回应进行情境调控,又能根据课堂临时状况进行调控甚至设计新情境。

(三)历史情境创设与学生

历史情境创设对于学生历史学习具重要作用,一是情境使历史知识形象化,利于学生理解;二是历史情境创设不仅激发学习兴趣,而且调节学生学习中的情感因素;三是历史情境创设对学习探究具支持与促进作用,它使教学结论变成一个发现过程,发挥学生主体性,如讲授甲午战争与《马关条约》的签订时,以中日双方武器情况和参战人数对比创设探究情境,促使学生从中发现信息,并借助信息的支持,探究得出甲午战争失败的根源是制度落后的结论。

二、历史情境创设培育家国情怀可行性分析

(一)理论支撑

1.契合"情意领域"理论

家国情怀在教学目标分类中属于情感态度与价值观目标,而"情意领域"理论将情感态度与价值观目标的达成过程分为五个水平层次,分别是接受、反应、价值评价、组织和性格化,具体表现为由接受和反应,形成情感倾向,接着经内心体验发生态度变化,最后再经自觉加工和组织,升华为价值观,这个过程呈现出紧密衔接的层递性和动态性[①],而情境所展现的美感与情趣,会让学生获得具体感受,并表现出一种积极态度,从而激起相应情感,而这种情感会不由自主地移入教学或教育情境的相关对象上,

---

① 徐继宽.核心素养时代:叙写历史教学目标要坚守常识[J].中小学教师培训,2017(11):61-64.

并随着情境延续,情感逐步加深,最终由于情感的弥散渗透到学生内心世界各个方面。经由情感多次体验、多次弥散,作为稳定的情感态度与价值取向便逐渐内化,融入到学生个性中,形成价值观。

由此,历史情境创设培育家国情怀契合"情意领域"理论,具有可行性。

2.符合情境认知理论的"知识观"

认知是情感的基础,培育学生家国情怀,需引导学生先对家国情怀形成正确的认知。情境认知与学习理论"知识观"认为,情境是一切认知活动的基础,因为知识具有情境性,是个体与环境交互过程中建构的一种交互的状态,且应用知识和信息加工具有协商性,个体将已经学习的知识运用在新情境中,经过协商使知识整合和内化,获得新知识。历史情境创设培育家国情怀,就是让学生在情境中获得知识,形成正确认知,再产生情感体验,形成态度,建构价值观。所以依据情境认知与学习理论的"知识观",历史情境创设培育家国情怀具有可行性。

(二)现实基础

1.历史教材内容与编排提供实操条件

首先,中学历史教材选取的历史人物和事件具有基础性和典型性,不仅体现中国历史和文化的悠久厚重,展现世界历史和文化的丰富和灿烂,而且在描绘人类历史发展中蕴含彰往察来启示意义和自强不息的进取精神。同时,教材文字文采斐然,颇具感染力。这二者不但利于教师迅速找到情境创设的切入点,而且为教师组织情感饱满的教学语言奠定基础;其次,教材呈现方式多样化,一是史事的叙述不仅有生动的文字,还包含了图画和图表等;二是教学活动设计丰富,包括问题探究以及活动课等。这二者为情境创设提供了丰富的素材。综上,中学历史教材内容和编排为历史情境创设培育家国情怀提供了实操条件。

2.中学生认知特点奠定实操基础

首先,中学生倾向于使用灵活型认知风格,在面临各种问题和情境时,会遵循一定规则、要求,考虑到各种可能性和假设,采用灵活方法解决问题和处理各种情境下的场面。其次,中学生辩证思维已趋于占据优势地位,形式逻辑思维的发展也更稳定,并与其辩证思维相辅相成,促使中学生思维水平相较于小学生而言更成熟和完善。除此之外,中学生经小学阶段的发展,已具自我监控学习能力,且学生社会认知受认知情境影响,会将认知情境的理解转移到认知对象上。对历史情境创设培育家国情怀的教学而言,中学生认知风格和自我监控学习能力促使中学生适应并参与到教师创设的各种情境,而其思维水平和社会认知受情境影响的特点又为教师通过情境建构学生认知及情感态度提供了条件。因此,中学生认知特点为历史情境创设培育家国情怀奠定了实操基础。

三、历史情境创设培育家国情怀的中学历史教学模式

历史情境创设培育家国情怀教学实施模式基于历史情境创设和家国情怀不同层面内涵,充分借鉴"情意领域"理论关于情感态度与价值观目标达成层次的划分,将具体实施路径分成三个阶段。

第一阶段:体验,通过创设情境引起学生对历史事物或现象的注意,产生情感体验;第二阶段:内化,创设情境引导学生反思批判历史事物或现象,调整认知建构,对历史事物或现象作出价值判断,形成相应的家国情怀价值倾向;第三阶段:系统建构,在第一和第二阶段反复体验与内化的基础上,借助实践情境促使学生将价值倾向建构成系统的家国情怀价值观,并以此规范指导自身言行。

历史情境创设培育家国情怀实施模式需注意两点:一是家国情怀的系统建构不是短时操作,而是长时段的系统工程,教师在教学中需巧设情境,有目的、有计划地引导学生在体验和内化中反复感悟与思考,并将情境延伸到课外,借助实践引导学生不断深化,最终促使学生建构系统的家国情怀,并做到知行合一;二是历史情境创设培育家国情怀任一阶段并不一定是以一个情境贯穿始终,教师可根据教学目标和学生实际创设多个情境落实阶段任务,不同情境间也可嵌入调整情境,引导学生放松调整心理,营造积极良好的学习氛围,从而提升培育家国情怀的有效性。

第二节　历史情境创设中培育家国情怀素养的应用现状调查与分析

一、家国情怀培育中历史情境创设应用现状调查

（一）问卷构成

问卷包括对学生调查问卷调查和教师访谈提纲两部分。其中，调查问卷以纸质形式发放，调查对象包括某市第一中学和第二中学两所初中初一、初二和初三的学生。问卷内容维度包括学生课外阅读情况、学生家国情怀素养水平、学生对教师运用历史情境创设的评价和学生对教师运用历史情境创设培育家国情怀的体验四个维度。

访谈以网络访谈形式展开，访谈对象是某市第一中学和第二中学的初中历史教师，共18人，访谈主要尝试对学生问卷所呈现问题溯源，同时详细了解教师对历史情境创设培育家国情怀的看法、实践成功经验以及实施中存在的问题。

（二）学生问卷调查分析

此问卷调查采取分层抽样的方式，按年级分层在某市两所初中的各年级随机抽取30人，共抽取180人，发放问卷180份，回收问卷180份，其中有效问卷167份，问卷有效率为93%。经Alpha系数衡量，此问卷Alpha系数为0.837，信度达标。又经KMO和巴特利特检验，检测此问卷KMO值为0.754，表明问卷结构效度良好，适合做因子分析。

二、学生情境创设应用现状调查分析

（一）中学生课外阅读情况

数据统计显示：学生每周普遍都会阅读新闻，但频率不高，2.5小时及以上的只有20.54%，近一半的学生只有30分钟，甚至仍有约11%的学生不阅读新闻。这里的新闻范围不仅包括央视、凤凰网、《人民日报》等官方媒体的报道，而且包括微博、微信公众号或其他App等非官方媒体平台对社会事件和社会热点的报道和解读。对于学生来说，每周利用碎片化时间阅

读或观看,每周达到2.5小时及以上是无压力的,甚至有些教师会布置阅读新闻的任务。

数据统计显示:80%学生每月阅读1~2本历史类课外书籍,其中35%的学生每月阅读3~4本及以上书籍,甚至有12.28%的学生阅读7本及以上,说明大部分学生课外书籍阅读情况良好,但仍有20%的学生没有开展课外阅读。

数据统计分析显示:周阅读30分钟新闻及月阅读1~2本历史课外书籍的学生对教师创设的情境体验表示"非常符合"的比例,与周阅读2.5小时及月阅读7本以上历史课外书籍的学生对教师创设的情境体验表示"非常符合"的比例差距较大,经SPSS独立样本T检验,发现阅读新闻和课外书籍的不同频率对教师创设的情境体验存在差异,甚至存在显著差异。换言之,多阅读新闻和课外书籍是可以帮助学生在培育家国情怀的情境中提升情感体验。

综上数据分析可以得出结论:大部分中学生有开展课外阅读,其中阅读历史类课外书籍情况相对较好。另外,教师可以通过鼓励学生观看新闻和指导学生开展课外书籍阅读来提升学生在家国情怀培育情境中的情感态度体验,从而增强历史情境创设培育家国情怀素养的有效性。

(二)中学生家国情怀素养水平

数据统计显示:约89%的学生每周都观看或阅读新闻,观看和阅读新闻表明在一定程度上是关注现实问题的,但从观看和阅读新闻的频率看来,只有20.54%的学生周频率达2.5小时及以上,这表明大部分学生对现实问题的关注度不够。

数据统计显示:只有42.11%的学生知道社会主义核心价值观社会价值取向层面的内容,约58%的学生混淆了社会主义核心价值观的价值目标层面、个人行为层面和社会价值取向层面的内容。由此,表明大部分学生不能正确理解社会主义核心价值观。

综上数据分析可以得出结论:学生家国情怀素养整体水平偏低。

(三)中学生对教师创设历史情境的评价

数据统计显示:学生认为,一半教师相对较少运用历史情境创设开展教学,其中22.81%的教师比较少使用。另一半的教师经常使用历史情境创设开展教学,其中25.44%的教师是每节课都使用。

数据统计分析显示:高频率阅读新闻和课外书籍以及正确识记题写人和价值观内容的学生中,每节课其教师均有创设情境所占的比例与其教师较少创设情境所占的比例相差较大。通过SPSS独立样本T检验分析,结果表明存在显著差异性,即创设情境的频率会影响学生阅读新闻和课外书籍频率以及识记题写人和价值观内容的正确率。结合前文可知,学生阅读新闻频率、识记题写人和价值观内容正确率体现学生家国情怀素养水平。由此表明,历史情境创设不仅利于提升阅读课外书籍积极性,而且也利于提升学生家国情怀素养水平。

数据统计显示:综合激发学习兴趣、贴近学生生活、启发学生思考和激发学生情感四个维度而言,每个维度分别都有近四成的学生表示"非常符合",其中最高的是激发情感,其他三个维度基本持平;有三成左右学生表示"符合",其中相对较低的是激发情感,其他三个维度也基本持平;有超过一成学生表示"不知道",其中相对较多的是贴近生活;有两成左右学生表示"不符合",甚至表示"根本不符合",其中较多的是激发兴趣。

数据统计显示:问卷从四个维度调查学生对教师创设情境的评价,每个维度的分值是1~5分,总分最高20分。按照百分制及格线60分,优秀线90分的标准对样本分数分段和分类,显示评价一般的学生占多数,评分高的次之。

综合以上数据分析可以得出以下结论:学生认为教师都会运用历史情境创设进行教学,且对教师创设情境整体认可度一般偏高,其中,对教师创设情境贴近生活的认可度<激发兴趣的认可度<启发思考的认可度<激发情感的认可度。

(四)中学生对教师运用历史情境创设培育家国情怀的体验

数据统计分析显示:对涵养家国情怀的历史情境体验佳的学生中,家国情怀素养水平高的比例不高,说明学生可能只有体验,没有内化,更没有践行家国情怀。根据"情意领域"理论关于情感态度与价值观目标达成过程的水平层次划分,表明学生家国情怀停留于接受和反应层面。结合历史情境创设培育家国情怀的实施模式分析,说明教师可能只实施了第一阶段教学,或者第二阶段、第三阶段的教学效果不佳。

综上数据分析可以得出结论:学生对教师创设涵养家国情怀的情境体验感一般,学生家国情怀停留于接受和反应阶段,这也是学生家国情怀素养水平低的原因。

三、教师访谈调查分析

(一)对历史情境创设和家国情怀素养的认识与理解

访谈发现,不同教龄的教师都知道历史情境创设这一教学方式,但是年轻教师对历史情境创设认识不科学,不了解"情境"与"情景"的区别与联系,反而是年长的教师,特别是20年教龄以上的教师,知道"情境"与"情景"的区别与联系。这充分说明,尽管历史情境创设这一教学方式是借助新课改的东风才进入课堂教学的,但是,老教师们认可并在教学中不断实践这一教学方式。

另外,刚入职的新教师能够熟记新课标对家国情怀素养的定义,但对于如何涵养家国情怀,要达到怎样的培养目标则含糊不清;中级以上教师则较好地将家国情怀素养定义、水平划分和历史教学内容融合起来,使家国情怀素养具象化。访谈也发现依然有部分教师对家国情怀素养的理解趋于片面,只强调培养学生对国家和民族文化的热爱与认同。

(二)运用历史情境创设培育家国情怀的教学准备情况

第一,关于设计培育家国情怀历史情境投入的思考时间情况,访谈发现不同教龄的教师大部分投入时间不稳定,普遍呈随机状态,只有少数教师会稳定花一个小时甚至几天时间去设计情境。这说明教师普遍不重视情境的质量。

第二,对于在运用历史情境创设培育家国情怀时,创设情境所用途径情况,访谈发现教师使用频率最高的是史料、图片和视频,使用频率最低的是以带领学生到历史博物馆、历史文化遗迹等真实场景中创设情境的方式[1]。除此之外,刚入职的教师会尝试使用角色扮演方式去创设情境,中级教师会高频使用语言创设情境,高级教师则重视创设问题情境。

第三,关于情境材料来源和材料选择的聚焦点,访谈发现大部分教师

---

[1]杨雪梅.实物史料在高中历史课堂教学中的运用研究[D].重庆:西南大学,2021: 15-17.

最先聚焦的是材料是否符合课标要求、是否契合教学主题,接着会重点聚焦材料能否激发学生情感,最后才会聚焦材料能否启发学生思考。除此之外,小部分教师还会关注材料是否贴近学生生活,能否激发学生兴趣,而对于情境材料来源,大部分教师创设情境的材料都来源于历史文献、历史文物图片、视频、专家著作和配套的教材教辅,只有小部分教师会选取地方志和文学作品作为情境的材料。

此外,关于情境创设的目标取向,访谈发现,20年以上教龄的教师创设情境目标除了构建情感体验和培养学生思维外,还会注重引导学生进行表达。其他教龄段的教师几乎都以构建情感体验或培养思维为情境创设的目标,只有一位教师表示除这二者之外,会以鼓励引导学生实践为目标创设情境。

第四,关于情境实施预设情况,访谈发现,大部分教师都有预设意识,但付诸实践的比较少。

(三)运用历史情境创设培育家国情怀的实施情况

第一,关于课前布置学生阅读。访谈发现,只有小部分教师会在运用历史情境创设培育家国情怀前布置学生阅读相关书籍。这小部分教师中,老教师比新教师的人数多一些。这说明老教师相对比较重视课前阅读,但是整体而言,教师对课前阅读仍不够重视。

第二,关于对情境的调控情况。访谈发现,教师普遍都认为设计情境与实际操作会有出入,有时候需要进行调控。但具体如何调控,许多教师只是笼统地指出根据实际情况进行调控。这说明教师具有一定的调控意识,但对情境调控认识不够全面,也不知道如何科学调控。

(四)运用历史情境创设培育家国情怀存在的问题及对策

第一,关于存在问题,访谈发现,教师运用历史情境创设培育家国情怀存在问题主要是以下几方面:一是创设情境情感生硬,达不到预期效果;二是创设情境需大量史料支撑,寻找史料存在困难;三是在实践中,难以调控情境,存在耗费课时的情况;四是学生基础历史知识掌握不扎实,史料理解能力差,与教师创设的情境情感共鸣度较低,参与度不高。

第二,关于对策,访谈发现,针对创设情境情感生硬、学生情感共鸣度低的问题,教师通过选择能够激发学生兴趣、贴近学生生活的材料创设情境,提升学生参与感,而针对学生对史料理解困难、情境参与度不高的问题,教师先是通过在教学中引导学生阅读或运用图片、视频帮助学生理解的方式提升学生史料解读能力,接着通过与学生谈话提升学生参与度。关于寻找史料存在困难的问题,张家口一中的老师分析,之所以存在困难不仅是因为情境需要大量史料支撑,而且因为查阅和辨别史料本身就需耗费大量时间,但平时琐碎工作较多,想通过工作之余的大量阅读来积累史料也是心有余而力不足。对情境难调控、耗费课时的情况,教师们表示对情境调控研究不够深入,还需学习和实践。

(五)运用历史情境创设培育家国情怀的成功经验

访谈发现,教师的成功经验大都与战争史或侵略史有关,如抗日战争、甲午战争、鸦片战争等。教师通过英雄事迹、抗争故事等创设情境,运用文学、音乐作品渲染氛围,激发学生情感,从而培育学生家国情怀。另外,还有教师分享了选材和创设情境的成功经验。在讲授《西汉与东汉》一课,为落实"感受张骞的精神,理解丝绸之路的意义,培养服务国家强盛的使命感"这一较复杂的教学目标,教师将复杂问题简单化、具象化。运用学生感兴趣的张骞两次出使西域的故事和"汉武帝为什么让张骞出使西域""丝绸之路对张骞,对汉朝,对古代中国乃至现代中国有何影响"两个问题创设情境,让学生在情境中感受张骞不辱使命、勇于开拓、坚持不懈的精神,理解丝绸之路的意义,从而培养学生积极进取、服务国家强盛的使命感。教师总结创设情境首先要将复杂问题简单化,其次选材要注重选择学生喜闻乐见的题材,才能提高学生参与度,更好地激发学生情感。

四、调查总结与分析

分析学生问卷和教师访谈,可以看出,历史情境创设的确可以培育学生的家国情怀,提升学生的家国情怀水平。教师也认可运用历史情境创设培育家国情怀的可行性,并已经付诸实践。同时,通过分析问卷,我们也可以看出,多阅读新闻和课外书籍可以提升学生对培育家国情怀情境的体验,从而更好地培育家国情怀。但在调查和访谈中也发现,历史情境创设培育家国情怀在实践中存在一些问题。

（一）存在问题

学生层面。学生对培育家国情怀的情境体验感一般居多，总体家国情怀水平偏低。

教师层面。第一，教师对历史情境创设培育家国情怀教学准备不充分。具体体现：一是不重视情境质量；二是情境材料选材范围狭窄，普遍困于历史文献、著述和教材教辅之中，没能向外拓展；三是情境选材对激发学生兴趣、贴近学生生活的关注度不高；四是情境创设途径以史料、图片和视频居多，途径相对单一；五是情境目标指向不注重表达和实践；六是虽然对设计情境有提前预设其发展的意识，但缺乏操作能力，没能付诸实践。第二，教师对历史情境培育家国情怀教学实施不科学。具体体现：一是教师对课前阅读对历史情境创设培育家国情怀的促进作用缺乏认识；二是教师情境调控能力不足。第三，从教师对存在问题的自述中，呈现出三大实践问题：一是情境效果不符合预期，学生参与度不高；二是情境选材困难；三是情境难调控。

（二）原因分析

针对历史情境创设培育家国情怀存在的问题，充分结合问卷、访谈结果和实习所见所闻所感进行分析，总结以下几点原因。

第一，学生之所以对涵养家国情怀的情境体验一般，与教师运用历史情境创设培育家国情怀前的准备工作和教学实施情况息息相关。访谈结果显示，一是教师不注重情境质量，对情境材料能否激发学生兴趣、贴近学生生活重视度不够；二是教师对课外阅读对情感体验的促进作用缺乏认识；三是教师情境调控能力一般。所以导致整体情境实施效果一般、学生体验感不佳的问题。

第二，学生之所以家国情怀水平偏低，是因为教师不注重创设问题情境发展学生的反思批判思维，也没能引导学生在情境中适时进行表达，更不注重鼓励引导学生实践，导致多数学生对家国情怀只停留在体验阶段，没能内化，更无法系统建构。

第三，教师虽然知道历史情境创设、家国情怀素养定义与培养目标，认可历史情境创设培育家国情怀的方式，但对历史情境创设、家国情怀和历史情境创设培育家国情怀缺乏科学的认识，理论水平不够，导致教师在操作层面存在选材困难、难以调控和效果不理想等问题。

第四，教师缺乏材料整合和开发意识。诚然，历史教学离不开史料，但教师对史料的选择范围过于狭小，大多选择历史文献、专家著作或教材教辅提供的材料。其实，文学作品、学界最新研究成果、考古成果等等都可以整合到历史教学中，特别是历史情境创设培育家国情怀的课堂教学中。除此之外，教师也可以开发区域资源，如一些地区作为历史文化名城，具有非常丰富的地方史料资源，包括文字图片记载、视频资料和文化遗址等。教师可以有目的地开发利用，将其整合成情境文字材料，甚至是支撑现实场景情境的"空间材料"，而针对基础差的学生，教师既可以将一些基本史实串联一起形成"新"材料，也可以多方位挖掘教材资源价值，活用教材。

第五，教师对教学辅助手段缺乏重视，过于重视课堂教学，而忽视课外阅读对课堂教学效果的促进作用。情境贴合学生的认知方能激发学生兴趣，提高参与度，而认知是可以引导的，教师可借助学生课外阅读，引导建构学生认知，从而提升情境教学效果。但现实中，教师普遍没有有效利用课外阅读这一利器。

最后，存在问题也离不开一些现实因素的影响，比如，教学条件、升学压力、课时紧迫和教学任务繁重等问题。这些问题都不是一朝一夕可以改变的，所以更加要求教师能巧用教学智慧，善用身边资源，积极尝试和创新。

随着新课程的实施，国家关于教学评价改革总体方案也已落地，相信现实因素的影响会逐步减弱，作为一线教师最重要的是及时更新教学理念，敢于做"第一个吃螃蟹的人"，正所谓"每人一小步，集体一大步"。

第三节　历史情境创设培育家国情怀素养应用对策

通过以上对学生的问卷调查和老师访谈提纲的分析和总结，笔者认为，历史情境创设培育家国情怀在中学历史课堂主要存在多数学生对情境体验感一般、多数教师对学生家国情怀培养只停留于"体验"阶段、教师选材困难和情境调控力不足四大主要问题。下面主要针对以上问题，并结合历史情境创设培育家国情怀的"体验—内化—系统建构"教学实施模式探讨历史情境创设培育家国情怀的对策,从而不断提高历史情境创设培育家国情怀的有效性。

一、擅于选用材料

正所谓"巧妇难为无米之炊",素材之于历史情境创设培育家国情怀犹如米之于巧妇,其重要性可见一斑。但教师运用历史情境创设培育家国情怀存在一个误区,认为创设情境需要丰富的素材,但其实恰恰相反,情境素材贵精不贵多,强调的是基础性与典型性的融合。因为历史情境创设培育家国情怀是通过创设情境,引导学生自主体验和思考,形成家国情怀价值倾向,建构家国情怀价值观[①]。在这一过程注重的是学生主体性,强调的是学生的自主建构,所以必须给学生提供体验与思考的时间与空间,但繁杂的材料必将压缩学生体验思考时间,从而影响学生自主建构。另外,中学历史教学是公民教育,培育的是核心素养,并不需要学生如历史专家一般扎在史料堆里研究历史。所以在运用历史情境创设培育家国情怀时,只需要运用基础性、典型性材料创设情境即可。

（一）活用教材材料

基础性和典型性史料在教材中比比皆是,特别是统编版教材,除了丰富的图片、地图之外,还包括了史料阅读、历史纵横和学思之窗等版块中呈现的文字材料。在运用历史情境创设培育家国情怀中,教师既要擅于运用授课教材材料,更要打破篇章隔阂,整合教材材料。因为学生经过初中学习,已普遍掌握中国史、世界史的基本史实,所以在平时教学中,教师要多方位挖掘教材材料的价值,围绕培育家国情怀主题活用教材。以部编版八年级"新民主主义革命的开始"第13、14课《五四运动、中国共产党诞生》为例,该案例为培养学生对中国共产党的认同,坚定学生理想信念,综合选取材料四则,创设如下情境。

出示材料:①"学思之窗"孙中山对三民主义的阐释;②教材对辛亥革命历史局限的评价;③"学思之窗"中《中国共产党第一个纲领》内容;④"学生之窗"中革命根据地农民土地分配证图片。

---

①杨德娟.视频教学在初中历史教学中的运用研究[D].南昌:江西科技师范大学,2021:15-17.

设问:为什么说只有中国共产党才能救中国是人民和历史的选择?

这一情境材料选取既运用本课学思之窗的材料,又不拘泥于本课,而是打破章与章、课与课的边界,进行综合利用,教师在教学中可以充分借鉴这一例子,但要注意材料是为目标和立意服务,活用教材需立足授课立意与目标。

(二)跨学科整合材料

历史情境创设培育家国情怀强调学生情感体验,而真实直观的情境最能引发学生情感体验,正如李吉林老师在《李吉林与情境教育》中所述,情境学习,需从"真"出发,由"真"引"情"启"智"。因此,在历史情境创设培育家国情怀中,教师可以充分利用乡土资源,带领学生到历史博物馆或历史文化遗址现场,通过真实直观情境引情启智,涵养学生家国情怀。

同时,教师也可以合理利用考古资源,特别是最新考古资源,因为作为第一手史料的考古资源更能反映真实历史,也更具情感说服力。以海昏侯考古资源为例,该资源具有较强的系统性与典型性,涵盖汉代经济、政治、文化与思想各方面内容,且海昏侯墓保存较完整,其考古资料呈现多元化,包括视频、图片、文字等,给教师提供了充足的材料资源,教师可以依据高中生认知特点甄别使用。比如,讲授部编版七年级《秦汉时期:统一多民族国家的建立和巩固》一课时,教师可以通过呈现海昏侯遗址墓穴结构、出土文物工艺、丰富的文物种类,辅之以海昏侯墓发现对考古与史学发展的意义创设情境,体现古代劳动人民的智慧和悠久民族文化,培养学生民族认同感和文化自信,引导学生充分珍惜来之不易的资源,增强学生社会责任感。

除考古资源外,教师在选材时也可立足新课标要求,综合利用人类学、社会学研究成果或史学界最新研究成果等资源,将其合理整合为情境材料为历史情境创设培育家国情怀的教学目标服务。

总而言之,关于情境选材问题,教师在情境选材时要及时改正错误选材理念,注重材料的基础性与典型性,充分挖掘教材使用价值。同时,善于跳出本专业的"一亩三分地",吸收整合其他学科研究成果,从而更好地扩大选材范围,走出选材困境。

二、强化学生情感体验

情感体验是历史情境创设培育家国情怀首要阶段。强化情感体验不仅促使学生全身心投入情境学习,提高学生参与度,而且为引导学生内化家国情怀情感态度,建构家国情怀价值观夯实基础。

(一)优化情境,强化体验

在历史情境创设培育家国情怀中,可以充分发挥暗示诱导原理,运用音乐、朗诵文学作品、游戏等途径优化情境,营造情感氛围,充分发挥无意识对意识的促进作用,从而强化学生情感体验。

这一点在教师访谈分享成功经验部分有所体现。比如,讲授部编版八年级《中华民族的抗日战争》一课时,教师运用日军炮击东北军兵营、炮轰宛平城的图片以及日军"三个月亡华"计划相关史料创设情境,并用《松花江上》这首歌曲优化情境,营造了民族即将破灭的悲怆氛围,使学生深刻感受国难之悲,从而深化学生强国强族的情感体验。讲授部编版八年级《中国工农红军长征》一课时,教师运用长征中涌现的英雄事迹创设情境,以学生朗读毛泽东《七律·长征》优化情境,营造了悲壮的氛围,让学生感受长征的艰苦和共产党人的革命信念,从而强化学生对共产党的认同,坚定学生的理想信念。上述成功例子充分证明了营造情感氛围对情感体验的促进作用,但在实践中,我们不能盲目优化,应该选择与情境主题密切相关的音乐、文学作品等,让其与焦点材料有机联系起来,构成一个和谐运作的整体。当学生进入这样的情境时,他们就会被激起强烈的情绪,形成下意识的心理倾向,促使其全身心投入教学活动,从而强化自身的情感体验。

(二)运用对比情境,强化体验

经历起伏的情感,将更真实深刻,由此在历史情境创设培育家国情怀中,教师可以创设对比情境,通过学生自身与情境互动产生的情绪起伏强化情感体验。

以部编版九年级《文艺复兴运动》一课为例,为让学生感受并认同文艺复兴积极进步的时代特征,教师先后创设两个不同基调的情境:第一个情境先播放帕瓦罗蒂的音乐《我的太阳》,接着出示希腊雕塑《拉奥孔》的图片及意大利人挖掘修复并为之震惊的文字史料,最后反问学生为什么意大利人会对《拉奥孔》的雕塑感到震惊,并由此导入文艺复兴运动。在这一导入情境中,教师奠定文艺复兴"自由、浪漫、艺术、文明"的基调,学生在《我的太阳》歌声中产生高昂的情绪。紧接着,教师创设了第二个情境,播放了视频《文艺复兴前的欧洲》,呈现中世纪欧洲在宗教神学束缚下人们麻木、悲惨的生活,并在此基础上阐述了意大利人对雕塑感到震惊的原因,解释了文艺复兴的原因和内容。后面这一阴沉晦暗的情境,让学生产生低沉的情绪,与之前高昂形成强烈对比,从而强化学生对文艺复兴积极进步的时代特性的认同感,也为下一阶段学习中自然地产生对人文主义的同情与共鸣奠定基础。

因此,在平时教学中,教师可以运用声音、言语和画面创设情境,充分调动学生的感官与联想,引导学生在自我与情境互动中产生情绪对比,强化学生情感体验。

(三)创设"神入历史"情境,强化体验

"神入历史"情境,即借助情境让学生站在历史人物的立场去观察当时的世界,像他们那样去思考,从而把握历史人物的思想、情感、信仰和动机等。简言之,就是让学生一定程度上"参与"历史。因为历史的过去性,导致学生与历史事件、人物之间产生了"距离感",而情感体验是一种能生发且与主体"自我"紧密联系的独特感悟或意义的情感反应。所以,创设"神入历史"的情境,有利于增强学生自我"参与感",从而强化他们的情感体验。

第一,"神入历史"的情境最常用的途径是角色扮演。以《五四运动》为例,该案例为强化学生对国家热爱、责任和使命感,通过三个角色扮演任务单创设"神入"历史情境。具体操作如下。

任务一:扮演五四运动时期学生,给五四运动设计口号。

任务二:扮演五四运动中的学生演讲者,开展一分钟激情演讲,调动学生的爱国情。

任务三:扮演五四运动中某一报社的知名记者,一分钟播报五四运动经过。

要求:先小组合作探讨,再派代表扮演。

在这一情境中,教师以任务单的方式引导学生"神入"五四运动中的学

生、学生演讲代表和记者,分别感受人物的情感、意图,"近距离参与"五四运动,强化学生爱国情感和对国家的责任感,而且这一情境巧妙地将角色扮演与小组合作探究结合起来,先让学生在小组讨论里明晰人物动机与情感,接着由学生代表在班级同学面前生动表演,再次带动学生情绪,进一步强化情感体验。总的来看,角色扮演方式创设的"神入历史"情境不仅强化学生的情感体验,而且锻炼学生的思维和表达。

第二,除了以角色扮演的方式创设"神入历史"情境之外,教师也可以运用历史图片、资料或故事创设"神入历史"情境。以《抗美援朝》为例,该案例为强化学生对战争给人类带来伤害的体验,让学生在后续环节内化建构维护和平发展的价值观。设计如下"神入历史"情境。

出示:一位战地记者在朝鲜战争中拍摄的一张照片。

问题一:如果你是当时奔跑的小孩中的一个,用一个词形容你的感受。

问题二:如果以你现在的感受给这张照片拟一个标题,你会用什么标题?

在这一情境中,教师以震撼人心的照片使学生"神入历史",引导学生用奔跑小孩的视角说出对战争的切身感受,而后教师进一步设问,引领学生概括感受"恐惧""战争""灾难""分离"等,从而有目的地强化学生对战争给人类以伤痛的体验。最后,在平时教学中,不管是以角色扮演的方式,还是以图片、资料或故事的方式创设"神入历史"情境,教师都要适时进行点拨,引导学生情感和思维方向,让学生在"神入历史"中能够抓住重点,而不至于丢失方向。

(四)重视课外阅读,以"读"强"感"

从理论上而言,情感体验是在深切事物感受和理解基础上产生情感并生成意义的过程。课堂时间短、任务重,对于高中生,特别是基础相对较弱的高中生而言,因为其自身认知局限和经验匮乏,在短时间内较难对历史事物有深切的感受和理解,而课外阅读既可以扩充学生的知识面,又可以帮助学生累积间接经验,建构学生认知,从而深化学生对情境中历史事物的理解,强化学生的情感体验。从实践方面而言,学生问卷结果也充分表明学生多开展课外阅读,有利于提高学生家国情怀情感体验。由此,教师应该充分重视课外阅读,以"读"强"感"。

在历史情境创设培育家国情怀的课前与课后,教师要立足学生认知特点,有目的有计划地指导学生开展阅读。阅读种类可以是文本类(包括历史学习参考、历史著作、文献等),同时也可以是实物类的(包括历史文物、实物图片与遗址等)。除此之外,还有新闻、历史影视剧、纪录片等视听信息类。阅读的方式可以是通读、略读或选读,但教师要注意设定一个主题或者设定相关的问题,帮助学生提高阅读的有效性。

总而言之,在平时教学中,教师既要在课内通过创设"神入"情境、对比情境和优化情境的方式强化学生情感体验,也要重视课外阅读对情感体验的促进作用。双管齐下,强化学生的情感体验,从而不断提升学生对培育家国情怀情境的体验感。

三、问题情境引导内化家国情怀

"内化"是历史情境创设培育家国情怀的第二阶段。这一阶段学生的家国情怀不再是短暂的外在情感反应,而是在反思批判思维中逐步内化,形成稳定的家国情怀价值倾向,为此后形成系统的家国情怀价值观夯实了基础。反思批判思维是这一阶段的核心,如何培养,又如何引导?杜威在《我们如何思维》一书中给出了以解决具体问题形式来培养反思批判思维的策略,由此在历史情境创设培育家国情怀中,教师可以通过创设问题情境来培养学生的反思批判思维,引导学生在问题情境中进行反思批判,从而内化家国情怀。

(一)立足历史认知

创设问题情境的实质是培养学生的反思批判思维,促使其在反思与批判中调整认知建构,作出价值判断。既然是反思批判,那就离不了学生原有的历史认识。

第一,在具体教学中,教师可以针对学生历史认识的片面性来设计问题情境。一是立足家国情怀的情感内涵,捕捉学生历史认知的片面性。以《南京大屠杀》为例,学生经过初中阶段的学习和相关主题影片的洗礼,已普遍对南京大屠杀这一历史事件建构了"爱国主义"的认知,但从家国情怀情感内涵而言,南京大屠杀是日本军国主义对人类相互友爱、国与国之间相互和睦等基本价值准则的践踏,它不仅是中国的国耻,更是人类的悲剧。以爱国主义认知这一事件存在片面性。二是针对学生历史认识认知片面性的问题情境要设计核心问题,并根据实际适当为核心问题作铺垫,形成问题链。以南京大屠杀问题情境设计为例,其具体情境如下:①播放视频"日军兽性成因",设问:什么力量让日本军队丧失了人性? ②播放视频《南京梦魇》片段,设问:军国主义有哪些表现? ③出示阐释军国主义内涵的材料,设问:军国主义有哪些主张是同人类的普遍价值观念相违背的? ④出示体现日本军国主义未被肃清的两幅图片、播放视频"天皇万岁",设问:你听到、看到什么? 有何感受? 在上述情境中,教师牢牢抓住学生为从国际视野审视日军暴行危害这一认知片面性,设计了"军国主义有哪些主张是同人类的普遍价值观念相违背的"这一核心问题,并且考虑到学生可能对军国主义了解不深入,在核心问题前设计了铺垫问题,形成问题链,引导学生思维由浅入深,也为学生做了情绪铺垫。因为直接将核心问题抛给学生,基础扎实的学生可以迅速进入思考,但是基础薄弱的学生可能一时理解不了。所以在问题情境中以层层深入的问题链的方式促使学生反思批判,更有利于引导不同基础的学生。三是教师在情境中要充分将历史与现实联系起来,让学生的反思批判更具现实意义,为学生实践埋下引子。上述情境在核心问题之后,又将历史与现实紧密联系起来,让学生看到军国主义仍蛰伏在人类社会中,促使学生对其进行批判。这以史鉴今的做法,让学生对军国主义的反思批判不止于危害一层,而是深入现实,从而让学生得以警醒,也为学生实践指引方向,并增强学生的践行动力。

第二,除了针对学生认知的片面性创设问题情境外,教师也可以通过创设与学生原有认知存在冲突的问题情境,促使学生反思批判。一是引入其他情境,为认知冲突作铺垫。以《五四运动》为例,该案例在讲述学生火烧赵家楼时,先通过两则反映五四运动时期学生心理过程变化的史料创设情境,让学生直面历史人物的心理变化过程,理解体会学生火烧赵家楼的偶然性与必然性,认可火烧赵家楼是学生爱国行为。接着设计了一个问题情境,具体操作如下:①出示材料:在道理上讲,打伤人是现行犯,是无可讳的。纵然曹、章罪大恶极,在罪名未成立前,他仍有他的自由。我们纵然是爱国急公的行为,也不能侵犯他,加暴行于他。纵然是国民公众的举动,也不能横行,不管不顾。绝不能说我们所做的都对……在事实上讲,试问这几年,哪一件不是借着"国民意思"四个大字,不受法律的制裁,才闹到今天这个地步。我们慨然恨司法官厅,不去检举筹安会,我们就应当恭领官厅对于我们的犯罪的检举审判。——梁漱溟《论学生事件》设问:①你能理解学生的选择吗? ②如果身处其中,你会作何选择? 学生在上一情境中认可了学生火烧赵家楼是可行的爱国行为,但在之后问题情境中,教师在梁漱溟对学生事件评价的基础上反问,使学生对火烧赵家楼事件的定性产生冲突,由此将学生从火烧赵家楼的拳拳爱国心的感性认知中拉回理性现实,使学生从理性的角度对这一历史事件进行反思批判。二是巧妙反问,引发矛盾心理。上述案例,学生经过史料情境心里普遍已对火烧赵家楼持认可之态,但甫入问题情境,面对梁漱溟不同视角的评论和教师"你能理解学生的选择吗"的反问,学生定会矛盾摇摆,不得不充分开动脑筋进行反思与批判。三是问题设计需给学生留空间。上述问题情境中,教师没有抛出"火烧赵家楼这一行为是否正确"这样的是非题,让学生直接给历史事件"盖棺定论",而是反问学生能否理解当时学生选择,不仅符合适宜公正评价历史的要求,而且也给学生反思批判留下了空间。这是教师在平时创设问题情境时需特别注意的,因为太过绝对的判断会导致学生形成偏激的思想。四是注重表达,以表达促内化。上述问题情境最后还反问学生"如果身处其中,你会作何选择",让学生在经过上一问的反思批判后,在这一问以表达方式深入内化家国情怀的价值倾向。在平时的教学中,教师不仅要引导学生反思批判,而且也要注意引导学生进行表达,因为表达是对学生思路的再整理、情感的再强化,利于提升问题情境内化家国情怀的有效性。

(二)契合历史学科特点

意大利文艺批评家克罗齐曾言"一切历史都是当代史",中国近现代历史学家顾颉刚提出"层累说",无不表明人类对历史的评价不是固定不变的,而是随着时代发展产生不同观点判断。在实际教学中,教师可以根据实际从历史发生时代人的评价、古人对前人历史的评价和现代人对历史的评价三个不同角度创设问题情境,引导学生进行反思批判。正如江西师范大学赵玉洁教授所言,现时代价值标准的历史评价占优先地位是合理的,但是排斥其他时代人对历史评价,是不尊重史实的表现,也会给学生造成现时代的历史评价是固定不变、唯一正确认识的假象。家国情怀的涵养不只指向人文追求,而且指向价值关怀,要求学生对自身实践价值进行反思批判,如果学生产生价值评价是固定不变、唯一正确的假象,那他又有何动力对自身实践价值进行反思批判,又怎么反思批判现实问题,形成与时俱进、适应时代发展的价值观呢?所以从不同时代人对历史评价入手创设问题情境培养学生反思批判思维,引导学生对历史事物进行反思批判是可行的,也是必须重视的。

综上,在创设问题情境,引导学生内化家国情怀时,教师既可以从学生历史认知入手,又可以从历史学科特性入手,让学生在不同时代人评价中进行反思批判,对历史事物作出综合评价。但不管是从何入手,教师都要处理好过去、现下和未来的关系,为学生践行家国情怀指明方向、增强动力。

四、实践情境系统建构家国情怀

系统建构是历史情境创设培育家国情怀第三阶段,这一阶段学生将家国情怀价值倾向组成系统的家国情怀价值观,并以此规范和指导自己的言行。这一阶段目标的实现,除了第一和第二阶段反复浸润外,实践也是必不可缺的。实践不仅能继续引导学生内化家国情怀价值倾向,而且作为检验真理的标准,利于帮助学生梳理家国情怀价值倾向,形成一个内在和谐的价值观体系。此外,历史情境创设培育家国情怀的目的是导之以行。所以,教师应该重视实践在历史情境创设培育家国情怀中的双向作用,以实践情境引导学生系统建构家国情怀,同时也要注重引导学生知行合一,以家国情怀价值观规范自身言行。

历史情境创设培育家国情怀的实践情境分为课堂活动情境和课外真实情境。课堂活动情境按照途径不同可以分为辩论、主题演讲、小组合作、班级展示等形式,课外真实情境按照途径不同又分为参观历史博物馆、考察历史文化遗迹和采访历史亲历者等。实践情境的课堂与课外并不是泾渭分明的,教师可以课内外衔接,从而更好地把控情境的推进,科学地引导学生实践。

(一)课堂活动情境

课堂活动情境要求教师将家国情怀价值观镶嵌在活动情境中,再引导学生通过自主操作,将原有的家国情怀价值观倾向组织成系统的家国情怀价值观。

第一，教师可以充分依托教材活动课内容设计活动情境。因为新课改强调培养学生动手能力和实践能力，所以教材虽几经变动，但活动课部分仍保留。以"家国情怀与统一多民族国家的演进"活动课为例，学生经过一学期的浸润，已经形成家国情怀价值倾向，而这一活动的目的在于通过回顾梳理和探究中国这一统一多民族国家的演进进程，再强化学生维护国家主权领土完整，服务国家强盛、民族自强的责任与担当，引导学生将上述价值倾向梳理成系统的国家观和民族观。该活动包括个人自学、小组合作、资料收集、撰写报告、班级汇报六个环节，实施起来实非一"课"之功。教师可以根据教学实际分解活动课目标，择取其中一种形式设计课堂活动，如以"探究梳理中国古代—近代—现代三个时期的疆域变化，强化西藏、新疆、南海诸岛、台湾及附属岛屿、钓鱼岛等自古以来就是我国领土不可分割的一部分的认知和国家主权意识，从主权和领土层面树立正确国家观"为目标，通过提供历代中国疆域图和相关解析材料，以小组合作探究的形式创设活动情境。

第二，活动情境充分发挥学生主体，教师主导作用。在情境中，学生分组合作，自主梳理，教师作为情境创设者和课堂引导者，不能作壁上观，而应积极参与其中，适时调节活动氛围和进度，倾听学生，及时点拨。

第三，课内外衔接，提升效果。以上述活动课阐述为例，如果实际情况允许，教师也可以将提供材料转变为让学生依据主题搜集材料，让学生在课外搜集环节经历个人自主辨别与梳理，不仅为在合作探究环节更好地实现思维的碰撞和智慧的交锋提供条件，也为学生将家国情怀价值倾向系统建构成价值观奠定基础。

（二）课外真实情境

在新课改推动下，通过带领学生到历史博物馆、历史文化遗迹考察、采访历史亲历者等形式创设真实情境涵养学生历史学科素养的研究成果颇丰，历史情境创设培育家国情怀的课外真实情境创设可以充分借鉴学界的研究成果。

以广州市增城区抗战史迹考察为例，为让学生铭记弘扬伟大抗日精神，立志为中华民族伟大复兴作贡献，增城区第一中学的王老师带领学生到广东人民抗日武装游击队东江纵队支部的增城遗址现场考察。增城遗址不仅保留当年战士的作战和生活物品,而且保留了大量珍贵相片和文字资料。除此之外,当年作为支部联络标志的大榕树仍郁郁葱葱。在这一真实的情境中,教师设计了三个环节:一是让学生通过遗址留存的历史文物和资料了解东江纵队战士生活环境以及抗战工作日常;二是让学生走访遗址所在地七境村的老村民,重点了解东江纵队支部当年在该村建立的地下联络站情况,摸清并记录在该村开展地下联络活动的主要人物脉络;三是带领学生到当地档案馆查阅资料,对考察中模糊环节进行资料补充和论证,深入梳理东江纵队抗战的重要历史事件和人物事迹。三个环节完成后,教师要求学生整理资料完成调查报告,并对遗址保护提出建议。

　　第一,我们可以从上述情境设计中提取历史情境创设培育家国情怀课外真实情境设计的三个要点:一是目标明确;二是基于区域资源,选取典型现场;三是以具体活动作支撑。在上述真实情境中,王老师设计了三个活动。其中,考察文物和资料让学生"神入历史",伟大抗日精神不再是抽象的存在,而是他们眼之所见、手之所触的具象所在,课堂浸润的爱国情感也变得立体饱满。此外,老村民朴素却饱含情感的述说,以情动情,传递了一代代人对祖国的热爱,强化学生的家国情怀。最后,档案馆查阅资料帮助学生梳理了知识,也梳理了情感。三个活动紧紧围绕"铭记弘扬伟大抗日精神,立志为中华民族伟大复兴作贡献"的目标相互补充,让学生在实践中铭记伟大抗日精神,深化家国情怀,并逐步建构为中华民族伟大复兴作贡献的价值观。三个活动的设计,对学生做了科学的引领,既让学生近距离接触历史,又让学生有具体操作指导,避免学生在真实情境中无所适从,将考察当成游览。所以,真实情境的设计要以围绕教学目标的具体活动作支撑,这样才能有效避免"走过场"的现象。

　　第二,上述情境设计最值得借鉴的一点是教师在考察后要求学生形成调查报告并对遗址保护提出建议。遗址保护具有深远的现实意义,学生在提建议的过程,其实是用家国情怀价值观指导言行的过程,这一过程学生感受到了自我价值,坚定了践行家国情怀的信念。这充分让这一情境目标落到实处。所以,教师在设计课外真实情境时除上述三点之外,还要以具有现实意义的行动作引领。当然,在设计课外真实情境时,教师也要引导学生进行总结,上述王老师要求学生形成调查报告就是一种总结,这种总结,不仅有利于教师了解学生思想发展情况,而且有利于学生在总结中系统建构家国情怀价值观。

第三,这一教学案例最让人眼前一亮的是做了巧妙的课内外衔接,将课外真实情境价值最大化。王老师将学生在考察中所搜集的东江纵队增城支部抗日战争图片和文字资料融入《抗日战争》教学中,借助"由家乡上升到国家"的家国情怀情感内涵,充分激发学生保家卫国的责任感与使命感。

综上,不管是课堂活动情境,亦或是课外真实情境,教师在创设实践情境中:一是要明确目标;二是要充分利用区域资源,细化实践路径;三是注意课内外衔接,充分发挥情境价值,从而充分发挥实践的双向作用,引导学生在实践中系统建构家国情怀价值观。

五、预设调整方案,提升情境调控能力

情境调控一方面指教师在课堂教学中按照教学设计,按照一定程序呈现情境,并把控情境完成的时间;另一方面是指教师根据学生的回应或突发状况对情境进行临时调控。提升情境调控能力,有助于教师在历史情境创设培育家国情怀的教学中减弱干扰因素的影响,在规定时间内发挥情境培育的最佳效果。因为历史情境创设培育家国情怀的过程是学生与情境互动,主动系统建构家国情怀价值观的过程。这一过程学生是感受和推动情境进程的主体。所以情境调控与学生密不可分,提升情境调控力,便可从分析学生特征入手,通过分析预测学生可能运用的认知策略和可能存在的认知变量,预设调整方案,从而科学地进行情境调控。

(一)针对学生可能运用的认知策略预设调整方案

即使学生拥有共同认知结构基础,但在面临学习任务时,可能采取的认知策略也不同,学生往往会首选面对类似任务时曾经成功过的学习策略。因此,教师在分析学生认知策略时,应预测不同类型学生可能采取的不同认知策略,并从中确定一些主要的认知策略,同时预测学生在不同认知策略主导下可能提出的不同观点,产生的不同情感体验。

因为高中生已具备元认知能力,分析掌握学生可能采取的认知策略后,教师在情境调控时可通过方法示范,对学生学习方法和策略进行指导,从而让学生使用教师示范的方法开展情境学习。除此之外,教师可以

通过指导、交流或讨论的方式对学生提出的不科学、与主流价值观相悖的观点或消极的情感体验进行调整。

(二)针对可能出现的认知变量预设调整方案

历史情境创设培育家国情怀的课堂,学生是主体,教师只是引导者,学生一旦进入情境将会出现一些偶然性、个别化的事件,给教学实践带来一些影响。教师在教学实施前可以从学生特殊个性差异可能对群体产生的影响及教学实施中不好把握的因素两个方面分析正常教学环境下可能出现的认知变量,预设调整方案,从而科学地调控情境。

第一,是学生特殊个性差异可能对群体产生的影响,如一些"爱出风头"的学生会提出与教学主题情感相悖的观点,常常引起哄堂大笑,破坏情境氛围。对此,教师可以预设一些防止学生思维发散的方案。以上文提到的《文艺复兴运动》为例,教师在引导学生观看宗教神学束缚下欧洲人的生活状态的视频,促使学生对宗教神学产生负面体验后,出示了一些词语,让学生从这些词语中选择一些词语来形容中世纪欧洲人的生活。规定取词不仅避免学生情绪因为发散性讨论被转移,而且即使学生提出与主题相悖的观点,也可有理有据地否决,将学生拉回情境当中,从而按照教学设计推动情境的开展。所以在具体教学中,教师可以通过分析学生特殊个性差异,预设一些防止学生思维发散或情感转移的方案。

第二,有的情境由于受学生个体因素影响较大,教师可以预设一些调整方案,如设计启发情境,当学生在问题情境中思维受阻教师又不便直接指导时,可以引入启发情境,让学生从情境中获得启示;或者当学生思维出现错误、价值倾向出现错误时,教师从反面设计启发情境,让学生意识到错误,及时进行调整。

总而言之,历史情境创设培育家国情怀对教师素养提出更高要求,教师要不断提升自己情境设计和调控的能力水平。同时,在实施情境前,要全面分析学生特征,预设好调整方案,对可能出现的偶然因素做好应对准备,从而提高情境调控能力,走出情境难把控的困境,让历史情境创设培育家国情怀在规定的教学时间内实现效果最优化。

第四节 历史情境创设培育家国情怀素养应遵循的原则

历史情境创设培育家国情怀素养虽然是长时段的系统工程,而且遵循"体验—内化—系统建构"阶段递进模式实施,但是无论是任一实施阶段,还是整个长时段的培育过程,都应遵循兴趣性、适用性、实践性和递进性原则,方能不断提高培育家国情怀的有效性。

一、兴趣性原则

兴趣性贯穿历史情境创设培育家国情怀素养始终,只有激发学生兴趣的情境,才能引起学生注意,产生情感体验[1]。同时,激发学生兴趣,才能诱发学生主动性,让其主动参与到问题情境和实践情境中,从而促进其内化家国情怀价值倾向,系统建构家国情怀价值观。由此,足可见兴趣性在历史情境创设培育家国情怀素养中的重要性。

情境如何激发学生兴趣? 一是选材。教师在选材时,要选择鲜活的、贴近学生生活的材料,如学生熟悉的影视资源、文学作品甚至是新闻资源等;二是创设的情境要贴近学生生活。如教师在讲授新文化运动内容时,以"诊断"旧社会弊病,为旧社会"开药方"的形式组织材料创设情境,让学生在情境中掌握新文化运动的内容,理解新文化运动的意义,形成改革创新的价值倾向。诊病开药方是学生都有过的生活经验,以此作为情境的组织策略,既引发学生好奇心,激发学生学习兴趣,也有利于学生理解社会出现"疾病"和新文化运动"诊断治疗"之间的必然联系。三是情境要唤醒学生求知欲。如教师在讲授美国三权分立时,以奥巴马在美国国会发表国情咨文时,大部分听众席掌声雷鸣甚至起立鼓掌致敬,但联邦法院的法官们全程却静默不语的图片创设情境,勾起学生好奇心,充分唤醒了学生的求知欲,激发学生的学习兴趣。四是创设和谐民主的人际环境。正如东莞市教育局历史教研员夏辉辉先生所言,教师只有用真诚和智慧营造师生真情交融,亲和融洽,充满民主的氛围,才能保证文字或图片创设的情境能真正鲜活生动起来,使学生有兴趣和意愿去感知。

---

①徐海祥,廖娟娟.论爱国主义情感的精准培育[J].黑河学院学报,2021,12(10):34-37.

　　综上，教师在运用历史情境创设培育家国情怀素养时，可从选材、情境组织策略、学生求知欲和课堂人际环境着手，充分调动学生积极性，激发学生学习兴趣，进而提升历史情境创设培育家国情怀素养的有效性。

二、适用性原则

　　培育家国情怀素养的情境一是适用于学生原有认知和情感基础，二是需与课堂涵养家国情怀素养的教学目标和教学立意相统一。教师在教学准备阶段，应该摸清学生已有知识经验和情感基础，分析学生学习风格和常用认知策略，为情境创设与教学设计提供依据，从而使创设情境能真正培养学生反思批判思维，涵养学生家国情怀。

　　情境与学生已有认知和情感基础相和谐，其目的是唤起学生合理联想，引起学生情感共鸣。历史情境创设培育家国情怀素养实施过程是学生带着原有认知和情感进入情境，在情境中强化体验，内化家国情怀价值倾向，并经历实践和情境长时间的浸润后系统建构家国情怀。既以原有认知和情感为基础，那么教师设计情境时，就应充分考虑旧知与新知之间，以及原有情感与情境涵养情感之间的联系，在新旧知之间架构桥梁，强化原有情感中的积极因素，调整原有情感中的消极因素，否则，不但新知将失去建构基础，而且学生也无法产生积极情感体验。如果情境与旧知以及原有情感基础不和谐，学生就无法产生联想和情感共鸣，也就谈不上调整认知建构，作出价值判断和形成家国情怀价值倾向。

　　情境设计要与课堂涵养家国情怀素养的教学目标和教学立意相一致。情境创设是为落实课堂涵养家国情怀素养的教学目标服务的，并且情境蕴含的价值倾向来源于教学立意，如果两者不和谐，那么学生会出现价值倾向混乱，课堂教学目标也无法达成。

　　综上，在历史情境创设培育家国情怀素养实施过程中，教师要立足学生认知与情感基础，挖掘教材家国情怀因素，提炼教学立意，在此基础上创设情境，方能提高历史情境创设培育家国情怀素养的有效性。

三、实践性原则

　　历史情境创设培育家国情怀素养的实践性不止体现在系统建构阶段，而且贯穿了体验和内化阶段，这两个阶段的实践性体现是以引导鼓励学生表达作为主要形式。建构主义理论认为，个体是在社会文化背景下，在与他人的互动中，主动建构自己的认知，而课堂教学是社会文化背景的一个缩影。教师引导学生在体验与反思批判中分享自己认同的"当下感受"有利于建构学生认知，从而强化情感体验，推动价值倾向的内化。从情境调控的角度来讲，引导学生即时表达，不仅利于教师掌握学生情感体验和思考情况，而且利于存在不科学认识和消极情感的学生在和他人的分享中调整自我。因此，在历史情境创设培育家国情怀素养的课堂中，不管是体验阶段，亦或是内化阶段，教师要鼓励引导学生勇敢地表达自我的即时感受。

平时教学中，表达当下感受的形式可以是口头语言，上文"神入历史"情境、问题情境中提及的教学案例都有所体现。比如，教师在学生"神入历史"图片后要求为图片拟定标题；在学生理顺火烧赵家楼的评价后，让学生易地而处，阐述自己的选择及原因。如此种种，都是鼓励学生表达，利用表达强化体验，内化家国情怀价值倾向的体现。当然，表达即时感受除了口头语言，也可以运用书面语言。如在《五四运动》教学中，教师在出示1919年巴黎和会中国外交失败和2019年中国以大国身份到巴黎参与中法全球治理论坛相关材料让学生感受中国百年沧桑蜕变后，要求学生以书写小卡片的形式给百年前的中国和当下的中国写一段话，充分表达自己的情感。这一方法让学生在书写中升华情感，推动学生家国情怀的内化。当然，表达即时感受的方式还有许多不同形式，如画画、唱歌等形式，教师可以根据教学实际灵活运用。

综上，教师在运用历史情境创设培育家国情怀素养时要注重和践行实践性原则，特别是在体验和内化阶段，要积极鼓励引导学生勇敢的表达，从而推动学生内化家国情怀。

四、递进性原则

历史情境创设培育家国情怀素养的递进性主要体现在两个方面：一是历史情境创设培育家国情怀的三个阶段总体上呈现由低级到高级的发展趋势，前一个阶段为后一阶段奠定基础，教师在教学中不能直接越过其中一个阶段进入下一阶段，而应循序渐进，方能达成涵养家国情怀的目标。其中，体验阶段是基础，这一阶段目标相对容易达成，所需时间成本也相对较少；内化阶段是核心，承上启下，需要给学生预留充足的反思批判时间;系统建构阶段是目标,所需时间成本最多。在平时教学中,教师切不能在一节课内落实三个阶段的情境教学,因为课堂时间有限,同时落实三个阶段,学生缺乏充足的体验和反思批判时间,情境学习呈现走马观花状态,反而使整节课的教学效果大打折扣。在教学中,教师可以在不越级的情况下,单独落实其中一个阶段的教学,或者在保证学生有充足的体验和思考时间的前提下,将第一和第二阶段整合成一节课。

历史情境创设培育家国情怀素养的递进性体现的另一方面是在教学中落实任一阶段的目标时,教师可以设计多种情境以推动目标的达成,多个情境间呈递进关系,教师设计情境时,要防止情境间步距过大,导致学生体验脱节或思维无法跟上。适当的层次性将有助于逐渐强化学生情感体验,引导学生逐步深入思考。

以冷战教学为例,教师在出示冷战时期越南战争中的图片,引导学生"神入"图片中的小孩谈感受并为图片拟定标题后,紧接着创设第二个情境,出示德国分裂、朝鲜战争、古巴导弹危机、越南战争相关图片,并反问学生如果他们分别是柏林居民、朝鲜半岛人民、古巴人民、美国人民或越南人民中的一员,他们有何感受。这两个情境充分体现了层次性:第一个情境呈现是冷战背景下一国的伤痛;第二个情境更进一层,呈现冷战背景下人类社会受到的伤害。从而逐步深化冷战背景下国际关系的认知,强化学生对冷战的谴责感。

总而言之,教师运用历史情境创设培育家国情怀素养时根据阶段目标循序渐进开展教学,同时在阶段情境的设计中,也要注意情境间的层次性。

第五节　历史情境创设培育家国情怀素养教学设计

在围绕上文所探究的初中历史情境创设教学实施路径,将情境教学法应用于部编版七年级历史《明朝的统治》一课,尝试解决情境教学模式如何在初中历史教学过程中培育家国情怀素养。

一、情境教学法运用于此课的优势分析

之所以选择初中历史七年级下册第14课《明朝的统治》，是因为该课具备以下两个特点，十分适合情境教学法的应用。本课的知识内容较庞杂难懂，枯燥深奥，学生不易理解，运用情境教学法进行教学能够加强学生的学习动机；此外，本课可应用于情境教学的相关教学素材丰富，非常适合教师进行加工之后应用到课堂上。

《明朝的统治》这一课教学内容相对比较复杂难懂，对于这一课出现的一些概念与专有名词学生缺乏感性认识，不能够很好地理解和掌握。如果教师采用传统讲授法进行教学，学生学习起来感到困难重重，对于历史的兴趣可能会大打折扣，没有办法达到很好的教学效果。若教师采用情境教学法进行教学，将一个个晦涩难懂的专有名词与历史概念转化为鲜活生动的历史故事，让学生置身其中，获得一种如临其境的情感共鸣，情真意切的深入体验使学生的情感与认知达到统一，将会收获出乎意料的教学效果。

关于明朝方面的文学资源、视频资源、史料库存等不可谓不丰富，如记录明朝的相关史书就有《明史》（张廷玉著）、《明通鉴》（夏燮著）、《明史纪事本末》（谷应泰著）、《国榷》（谈迁著）、《明实录》等；近代关于明朝的通俗文学也非常多，让人耳熟能详的就有《明朝那些事儿》（当年明月著）、《朱元璋传》（吴晗著）、《洪武大帝朱元璋传》（陈梧桐著）等；影视资源也相当丰富，如《百家讲坛》这类科普电视节目所出品的明代相关栏目也有很多，包括中国明史学会会长、著名历史学教授商传先生主讲的《明太祖朱元璋》系列、毛佩琦讲述的《明十七帝疑案》《风雨张居正》等，同样是央视出品的科普类电视节目《国家宝藏》也有明代的专题栏目，展示明代的珍贵文物；电视剧方面有导演张黎执导的口碑高分剧《大明王朝1566》，还有《大明天子》《朱元璋》等。可见，明朝的相关资源十分丰富，可应用于历史情境教学的素材多种多样，但同时也是良莠不齐的，这就需要教师加以甄别选择，取其精华去其糟粕，只择取能够为教学内容服务的部分。

二、基于情境创设教学的准备策略

（一）解读课程标准

历史课程标准是进行历史教学的依据，也是历史教学设计的依据。

2022年教育部印发的《义务教育历史课程标准(2022年版)》作为义务教育阶段历史教学的纲领性文件,给历史教学带来了新的思路与启示。教学设计无法离开课程标准的基本要求,教学设计都是建立在充分解读课程标准的基础之上的,"离开课程标准空谈教学设计,就是无本之木、无源之水"①。教师需要对历史课程标准进行正确解读,以课程标准为基础,科学地进行教学设计。

通过对课程目标的解读可以明确情境选择的方向,历史课程标准在对学生的知识与能力要求这一块作出了具体规定,要求学生要做到"了解史料的主要类型,初步学会从多种渠道获取历史信息,提高对史料的识读能力;能够尝试运用史料说明历史问题,学会根据可信史料对历史进行论述;初步形成重证据的意识和处理历史信息的能力"。这显示了课程标准建议教师要能够以史料为依托创设合理的历史情境,提高学生的观察能力和思考能力,让学生形成一定的历史情景想象,培养学生探究历史的能力。历史课标对《明朝的统治》一课的具体要求为"知道明朝的建立。通过皇权的强化和'八股取士',初步理解皇帝专权的弊端",可见明朝皇帝专权的加强及其弊端是该课的重点主题,学生还需要了解皇权加强对于统一多民族国家的重要性,呼应单元的主题②。

(二)分析教学内容

《明朝的统治》选自部编版初中历史七年级下册,是"第三单元:明清时期统一多民族国家的巩固与发展"的第一课。上承第二单元"辽宋夏金元时期:民族关系发展和社会变化",下接第15课《明朝的对外关系》。从单元地位来看,它是第三单元的第1课,学生在之前学习了辽宋夏金元这五个历史时期民族关系的发展和社会变化,了解了各个历史时期君主加强统治的相关内容,下启后面将要学到的清朝君主专制达到顶峰,可以看出本课在第三单元中的地位十分重要。

本课的子目设置分为四个子目,分别是"明朝的建立""朱元璋强化皇权""科举考试的变化""经济的发展"。从子目的内容设置我们可以看出,前面三个子目分别对应课标的三个具体要求,最后一个子目则是介绍明朝

①李慧.课程说课的基本步骤和技巧[J].成功(教育),2012(10):119.
②徐蓝.让世界史教科书成为唯物史观教育的重要支点[J].课程.教材.教法,2020,40(6):9-15.

的经济发展状况,四个子目的内容看似分散,实则围绕着皇权专制的加强这一主线,各个部分紧密连接、环环相扣。"明朝的建立"这一子目简单交代了朱元璋称帝、建立明朝的背景和过程,明朝建立这一部分的内容是朱元璋强化皇权的前提。第二个子目"朱元璋强化皇权"则详细介绍了明太祖朱元璋为了强化皇权而在政治上采取的种种措施,包括地方和朝廷官制的变化、军事机构的改革以及特务机构的设置,通过这些措施,皇权大为集中,明太祖朱元璋实现了大权独揽。第三个子目"科举考试的变化"阐述了明代科举考试在考试内容和考试文体格式方面出现的新变化,还介绍了"八股取士",这部分内容其实是皇权专制的加强在思想文化领域的体现,反映了皇帝不断加强皇权的弊端。第四个子目"经济的发展"虽然课程标准在具体要求里没有提及,但其实也是这一课不可或缺的非常重要的组成部分。这一子目主要介绍明代的农业、手工业、商业的进一步发展,这些都与君主专制的加强是分不开的,正是皇权的不断强化为统一多民族国家的巩固与发展提供了安稳的社会环境,使得明朝经济能够进一步发展。

除了知悉课文的正文系统以外,我们还需要了解本课的辅助系统。历史教科书课文辅助系统包括导入系统、注解系统和巩固拓展系统三个部分。本课的课前导入语言朴素平实,概括了本课的主要内容,还提出两个重点问题,分别是:"朱元璋采取了哪些专制集权的措施?""与前代相比,明朝的官僚机构和科举考试有什么变化?"这两个问题与新课标对本课的具体要求相呼应,同时也激起了学生求知的欲望。注解系统包括课文图表和课文插入语,首先本课教材采用了大量图片来辅助教学,包括朱元璋像、明朝疆域图、南京江南贡院的科举考场、锦衣卫印、明代青花扁壶、举子看榜图,是历史教学的重要资源。课文插入语由史料文栏目和插入性思考题栏目组成,分别包括有"相关史事""材料研读"和"问题思考"这几个栏目。巩固拓展系统包括了"课后活动"和"知识拓展"两个栏目,其中"课后活动"提出的两个问题也是对新课标具体要求的阐述,"知识拓展"栏目则是通过引入"廷杖"这一概念,加深学生对于皇权专制的理解。这些辅助系统对正文内容做了很好的补充,若能够有效开发则可以加强对课文主干知识的深度理解。

（三）了解学生学情

本节课的授课对象是七年级第二学期的学生，他们对于历史课程已经有了基本的了解，并且掌握了一定的学习历史的方法。但是事实上他们对于历史的知识基础还是比较薄弱的，尚不具备系统而扎实的历史基础知识，知识储备量不足，他们所掌握的历史知识是较为零散的、肤浅的感性认识。根据平时他们在课堂上的表现情况分析发现，七年级学生感性思维是大于理性思维的，但是由于年龄的限制，他们的注意力较难保持集中，而且逻辑分析能力较弱，不善于发现知识与知识之间存在的内在联系，也不具备全面分析问题的能力。但是他们对于新知识充满了好奇心，求知欲较强，教师利用创造情境的方式，依托图片、视频等多媒体材料能够吸引学生的注意力，帮助他们直观地感受历史。

课前与学生的交流沟通可以了解到，学生平时从影视文学等途径对于明朝的"锦衣卫""八股文"等相关情况以及一些明朝的重要人物有了一定的了解，但是他们对"锦衣卫""八股文"等历史概念跟明朝的专制统治之间有什么样深层次的关联却是不理解的，对这些历史概念的背景和影响掌握并不深入，难以透过复杂的历史现象之间的联系去寻找历史发展的规律，也很难通过有限的历史资料形成正确的价值判断。而且大多数初中学生尚缺乏良好的学习习惯，还不会按照知识遗忘曲线复习巩固旧知识，比较容易遗忘前面学习过的知识内容。所以教师在教学过程当中要重视挖掘新旧知识之间的联系，提示引导学生联系旧知识，在旧材料中发现新的价值，以旧知促新知，培养学生知识迁移的能力，这样学生才会有清晰的知识系统整体结构。

（四）确定教学目标

教学设计应该要根据新课标的要求来设立恰当的教学目标。但是新课标对于本课所设置的具体要求是较为笼统与简单的，所以在实际教学过程中需要加以分析细化。根据前面提过的新课标对于本课的具体要求，以及为明确学生应掌握的知识原理，围绕以创设情境为主题的教学设计，对初中历史《明朝的统治》一课的教学目标做了以下设计。

1.知识与能力目标

要求学生了解明朝建立的时间、过程、都城等基本史实及明朝强化君主专制所采取的一系列措施,能够自主概括明朝经济的发展表现,指导学生理解和探究皇权逐步加强所带来的影响,培养学生分析历史现象和归纳概论历史的能力。

2.过程与方法目标

创设有效的教学情境激起学生的探究欲望和学习动机,通过引导学生对朱元璋强化皇权的具体措施进行研究归纳总结,并培养学生用联系的观点思考历史问题,联系旧知识综合对比分析,梳理出明朝加强专制统治的特点。

3.情感态度与价值观目标

通过本课学习让学生学会辩证地看待专制主义中央集权制度,认识到明朝强化君主专制的措施在一定程度上是有利于国家的巩固与统一的,但是也有很多弊端。皇权的高度集中使中国封建社会逐步走向衰落,严重阻碍了社会进步和科学技术的发展,使学生认识到人类历史发展的必然趋势是从专制走向民主。

(五)突出教学重难点

教学重点指的是在整个知识体系当中处于重要地位的最基本、最主要的教学内容,在教学过程中需要重点讲解;教学难点则指的是知识体系中较为复杂抽象导致学生难以理解的那部分内容。明确教学重难点是编写教学设计的重要组成部分,根据本课的知识系统与学生的学习需求将本课重难点设计为:①教学重点——明朝加强君主专制的具体措施。②教学难点——明朝加强君主专制带来的影响。

(六)制定教学策略

教学方法:以情境教学法为主组织教学,使情境教学法在每一个教学环节都得到充分的应用,辅以传统的讲授法、小组讨论法等教学方法。

教学媒体:运用多媒体资源进行教学。黑板加粉笔的传统组合已经不能满足新时代中学教学的需要,多媒体、投影仪等设备成了教学不可或缺的一部分,运用多媒体进行教学可以为学生展示更加丰富直观的历史材料,通过真实生动的视听形象将抽象的历史知识直观形象化。因此在本课的教学过程中,将借助多媒体设备来创设情境以辅助教学,提高历史教学效率。

三、基于情境创设教学的教学设计

(一)导入新课

"他从小家境贫寒,当过放牛娃,讨过饭,还曾出家做和尚,当过兵,打过仗,后来逆袭成开国皇帝,他'崛起布衣,奄奠海宇,西汉以后所未有也'!"他是谁?

设计意图:以人物猜谜的方式导入课文,将明太祖朱元璋引入到学生面前,拉近他与学生之间的距离,激发学生的好奇心,吸引学生的注意力。以谜语的形式概括朱元璋波澜壮阔的传奇一生,通过谈论明太祖朱元璋的事迹,能够丰富拓宽学生的知识面,将学生的视野引到明朝历史中,利用多媒体技术创设情境,展示朱元璋人物图像,给予学生直观感受,抓住学生的眼球。教师适时引导学生学习课文辅助史料文栏目"相关史事"中的内容,并加以补充指导。

过渡:这样一个出身贫寒的放牛娃是怎么当上皇帝的呢? 他当上皇帝之后又是怎么坐稳江山的呢?

(二)讲授新课

1.明朝的建立

教师讲述:我们经过上一个单元的学习了解到元朝结束了北宋以来几个政权并立的局面,统一了多民族的国家。今天我们要来学习新的单元:统一多民族国家的巩固与发展,让我们乘着历史这趟列车走进明朝的统治。

(1)明朝建立的背景

出示材料:通过一首有名的元代散曲《醉太平·堂堂大元》创造历史情境,邀请一名学生来朗读这首诗歌,思考这则材料展示了元朝末年怎样的社会状况。用一两个词语概括(混乱、腐败、水深火热)。引出红巾军起义的过程,作简单介绍。

阅读指导:多媒体课件展示"红巾军起义的发展过程"的动态历史地图,引导学生仔细观察,结合该地图讲述朱元璋建立明朝的过程。

设计意图:品读元代散曲,使学生充分发挥自己的想象力,通过想象再现画面,再通过学生有感情的朗诵,体会元代末年百姓处于水深火热之中的社会状况,同时还培养学生总结概括的能力。

（2）明朝的建立

阅读课本,找出明朝建立的三要素:时间、人物、都城。1368年,朱元璋称帝并建立了明朝,首都为应天府(今江苏南京)。通过历史地图展现明朝疆域图,教师结合地图讲述明朝建立的形势,引导学生关注教材。

设计意图:让学生归纳知识点,掌握明朝建立的基本史实,培养学生提取有效信息的能力。

2.朱元璋强化皇权

过渡:一个新的封建王朝建立了,面对着国家初建、政局不稳、人心浮动、百废待兴的社会局面,朱元璋当如何巩固统治、加强君权呢？怎样才能让大明王朝长治久安呢？

创设情境:教师通过多媒体创设情境,配合充满神秘色彩的背景音乐,带领学生跨越时空走进历史。假如你是一名普通的初中生,有一天你正在上历史课,突然眼前一亮……当你再次睁开眼睛时,发现自己来到了一个奇怪的地方。有一个声音告诉你,你穿越到了明朝,在此期间你会面临各种选择,选择正确你就可以回去,选择错误你将永远留在这儿……

情境一:你醒过来的时候发现自己正站在朝堂上,而朱元璋正坐在御座上看着你,询问你关于历朝历代设置宰相的看法,你会怎样回答？

一是宰相可以帮助皇上处理政务,为皇上分忧,这是极好的。

二是宰相虽可为皇上分忧,但位高权重,可能成为祸患。

根据学生的选择引入相关史料:"自古三公论道,六卿分职。自秦始置丞相,不旋踵而亡。汉唐、宋因之,虽有贤相,然其间所用者多有小人,专权乱政。"——明太祖《皇明祖训》。

情境二:你是一名小官,必须投靠一位大人物才能继续存活,你会怎样选择？

一是投靠位高权重的宰相胡惟庸。

二是投靠行中书省的重要官员。

三是直接想办法投靠朱元璋。

根据学生的选择引入相关史料:①(元朝丞相)"掌军务,贰丞相,凡军国重事,无不由之。"——《元史·百官志一》。②胡惟庸进左丞相……尝以曲谨当上意,宠遇日盛,独相数岁,生杀黜陟,或不奏径行。——《明史》。③明初一段时间曾沿袭元代行省制度,但元代行省统辖军民,"凡钱粮、兵甲、屯种、漕运、军国重事,无不领(掌管)之",权力太大,不利于中央集权,故不久即进行改革。——《历史教学问题》。④以后子孙做皇帝时,"并不许立丞相,臣下敢有奏请立者,文武群臣即时劾奏,处以重刑。"——朱元璋《皇明祖训》。

结合课文内容与史料分析,利用幻灯片总结知识框架,归纳总结朱元璋对于朝廷和地方管理措施的变化。

在朝廷:①废丞相、中书省;权分六部,直接对皇帝负责;②分大都督府为五军都督府

在地方:①废行省,设三司,直属中央;②分封诸王。

设计意图:教师通过对教材内容的巧妙处理,以穿越历史的形式创设历史情境,让学生穿越时空,扮演历史角色,使学生的思维能够始终保持积极活跃的状态,在积极的学习氛围中获得生动的历史想象体验。通过穿越明朝的两个选择情境,让学生直观地感受历史,设身处地地思考,理解朱元璋在朝廷和地方加强皇权、巩固统治的原因和举措。

合作探究:朱元璋全面改革朝廷和地方官制有什么作用?

小组讨论,教师归纳总结:把朝廷和地方的权力集中在了皇帝一个人的手上,从而不断加强皇权。

过渡:在全面改革了地方和朝廷官制之后,朱元璋就可以高枕无忧了吗?他还有哪些烦恼呢?要知道朱元璋还是一个非常多疑的人,他想,虽然大臣们在朝廷上对我唯唯诺诺的,但是谁知道他们下朝之后会怎么想我呢?会不会在背后说我坏话呢?百姓在家里会不会想着要造反、要背叛我呢?所以朱元璋得想一个办法,让自己可以"安然朝中坐,却知天下事"。

多媒体播放特务机构锦衣卫介绍视频,视频介绍既具有知识性,又不失趣味性,为学生揭开了明朝特务机构的神秘面纱。教师在播放视频之前先展示几个问题,让学生带着问题观看,寻找答案。问题包括:明朝的皇帝为了监视官民,都设立了哪些监视机构?机构的主要职权与特点是什么?有什么作用?

学生回答,教师归纳总结:明太祖时期设立锦衣卫机构,明成祖时期设立东厂,这两个机构合称"厂卫"。他们的职权主要包括掌管侍卫、缉捕、

刑狱诸事,保护皇帝,镇压官民等。特点为由皇帝直接指挥,不受法律的约束。作用是成为皇帝的耳目和爪牙,使皇权得到空前的强化。

创设情境:教师通过幻灯片展示"宋濂请客"这一历史小故事的简要剧本,鼓励学生进行角色扮演。

设计意图:通过角色扮演,让学生参与到课堂情境中来,把一个个鲜活的历史人物展现在学生眼前,使学生能够直观地感受历史,真切地体会到令人闻风丧胆的无孔不入的特务机构锦衣卫机构以及朱元璋敏感多疑的性格特点。还可以强化学生的学习动机,培养学生的历史思维,让学生拥有参与课堂的热情,使历史学习更加高效。

3.科举考试的变化

过渡:朱元璋认为,光靠锦衣卫来监视臣民的一举一动还是远远不够的,最根本的还是需要控制百姓的思想。而靠科举考试来选拔人才这个环节非常重要。要怎样来选拔称心如意的人才呢? 朱元璋对科举制度也进行了一些变革。

创设情境:假如你是一位明朝的考生,要去参加科举考试,你该怎样准备科举考试呢?

设计意图:从考试的角度切入,让遥远的历史与学生的现实生活产生联系,让历史知识贴近学生的现实生活,这体现了情境的生活性,能够很好地激起学生学习历史和探究历史问题的兴趣,同时也能够让学生更好地理解和掌握新知识。

教师引导学生根据明朝科举考试的命题范围、答题观点与文体等要求回答问题情境,使学生能够身临其境地感受八股文的死板和空洞,对于明代禁锢思想、只培养皇帝旨意的顺从者的历史现象有更深刻的体会。

小组讨论:根据相关材料,思考"八股取士"所带来的影响。

学生讨论,教师归纳总结:对中国的思想、文化、科学技术的发展都造成严重阻碍。"八股取士"严重禁锢了思想,扼杀了人民的创新能力,阻碍了科技发展;从长远来看对国力也会造成不利影响……

4.经济的发展

过渡:明朝在政治上采取了一系列措施来巩固统治,专制主义中央集权不断强化,在一定程度上形成了较为稳定的政治局面,为经济的发展也创造了有利的条件。

下面我们来看一则材料,梳理一下明朝经济的发展问题:中国是世界上最富饶的国家,农作物种类远较西班牙为多;中国人普遍穿着棉布、丝绸服装,尤其是丝绸,衣饰华美,风度翩翩,中国出产的手工艺品极为精致,远销海外;中国有世界上一流的城市,非常繁华,商品种类丰富,买卖兴盛。——门多萨《大中华帝国史》。

阅读材料并思考:门多萨眼中的大明王朝是一个什么样的国家? 它的富饶主要体现在哪些方面?

设计意图:通过问题情境,培养学生归纳总结、"论从史出"的能力,引发学生的思考,培养学生分析历史问题的能力。

由学生归纳总结明朝经济的发展状况,教师通过幻灯片补充展示农业、手工业、商业方面的图片。

设计意图:通过多媒体展示历史图片,刺激学生的视觉,可以更好地帮助学生理解和感悟历史,快速掌握明朝经济发展在农业、手工业、商业方面的表现,提高学生的史图结合能力。

(三)课堂总结

恭喜同学们顺利完成此次的历史穿越活动,在明代顺利存活! 在这节课堂上同学们历经了朱元璋的"发家史",为他如何"守江山"出了很多主意,我们还要感谢出演"宋濂请客"小剧场的几位小演员,让我们真切地感受到了明代特务机构的恐怖程度。明朝是我国封建社会由盛转衰的时期,这跟君主专制的不断加强有着密不可分的关系,通过这节课的学习我们知道了在皇权的高度集中下明代的经济有了一定的发展,但是也给明朝的统治埋下了危机,我们可以窥见掩藏在繁华表象之下的巨大隐患。明朝的未来将会走向何方? 且听下回分解。

第六章 基于"互联网+"模式的中学历史教学与家国情怀素养培育研究

第一节 "互联网+"概念及其教学应用

21世纪以来,伴随着迅猛发展的互联网信息技术,人类大步迈向了"互联网+"时代。"互联网+"改变了人们的思维、生活和行为,也给各个行业带来了前所未有的影响。在教育领域,互联网信息技术与各学科教学的融合趋势愈发明显,诸如慕课、微课、翻转课堂、网络教学等教育实践不断涌现,极大地丰富了教育教学形式,促进了教育教学的变革。

一、"互联网+"与"互联网+教育"

"互联网+"的概念是在2012年一次会议上由于扬率先提出来的,关于其概念界定则至今尚未形成统一的说法。国务院文件上将其解释为:"'互联网+'是把互联网的创新成果与经济社会各领域深度融合,推动技术进步、效率提升和组织变革,提升实体经济创新力和生产力,形成更广泛的以互联网为基础设施和创新要素的经济社会发展新形态。"互联网产业发展的领军人物马化腾和荆涛对"互联网+"也有自己的理解认识。通过对各方概念界定的比较来看,他们对"互联网+"的认识还是存在共性的,即"互联网+"是将互联网作为一个平台,充分将互联网的优势应用到各传统行业中,为各传统行业注入活力,从而促成新的产业增长点,对于传统行业在当下如何发展有较强的指导意义。比如,"互联网+金融"的发展创造了移动支付、互联网金融等,方便了人们的日常生活,也激活了金融体系;"互联网+零售"促进了电子商务大市场的形成,扩大了消费潜力。

就本文而言,运用于教育领域的"互联网+",不仅可以是具体方法手段的"+",也可以是链接古今与课堂内外的"+"。这种"+"不是单纯的叠加,而是必要的互补。教育领域的"互联网+"模式,我们可以将其理解为它是将互联网作为一个平台,通过PC端或App端,教师、学生、家长可以进行互动,并且能够获取自己所需的各种教育资源。对教师而言,可以通过这个平台获得备课资源,进行教学、布置与批阅作业、监测学生的学习情况等;对学生而言,通过平台可以学习,获取学习资源,包括历史课本的扩展补充内容、历史故事、历史图片、相关史料论证等;对家长来说,可以了解学生的学习进度,也可获得学习资源帮助学生学习。毋庸置疑,"互联网+教育"与现今如火如荼的在线教育是有区别的,后者只是特殊时期、特殊情况下的一种"互联网+教育"表现形式,而前者则是一种教育变革的思路,它"谋求的不是教育的技术化或互联网化,而是以互联网为基础设施和创新要素,构建新的教育生态体系"。[①]这种新的教育生态体系与传统的教育生态体系是可以相互借鉴、相互补充的,会使教育的各环节过程产生深刻的变化,以此推动教育事业的发展。

（一）异彩纷呈:互联网时代教育新形式

互联网时代的到来给传统的教育模式带来了翻天覆地的变化。在线教育使得优秀的教育资源突破时间、空间的限制,使知识得到前所未有的普及和传播,这是一个非常巨大的进步。目前,互联网教育还处于探索阶段,走在时代前端的探索者取得了一些举世瞩目的成绩,如美国Coursera公司创办的慕课,引发了教育界的一场"海啸",更多的互联网教育企业也在不断试错中成长,但总体上,互联网教育还没有形成成熟的商业模式。

1. 互联网时代出现的教育新形式

2015年7月印发的《国务院关于积极推进"互联网+"行动的指导意见》中,提出要探索新型教育服务供给方式:"鼓励互联网企业与社会教育机构根据市场需求开发数字教育资源,提供网络化教育服务。鼓励学校利用数字教育资源及教育服务平台,逐步探索网络化教育新模式,扩大优质教育资源覆盖面,促进教育公平。鼓励学校通过与互联网企业合作等方式,对接线上线下教育资源,探索基础教育、职业教育等教育公共服务提供新

[①]以数字化提升教育发展质量[J].教学管理与教育研究,2022(8):123.

方式。推动开展学历教育在线课程资源共享,推广大规模在线开放课程等网络学习模式,探索建立网络学习学分认定与学分转换等制度,加快推动高等教育服务模式变革。""互联网+教育"有着巨大的市场潜力,正在成为很多商业投资追逐的热点。然而,作为新兴事物,互联网教育还没有形成成熟的运营模式和盈利模式。国内受制于体制、环境、技术等因素影响,互联网教育模式还相当初级,很多企业的理念还停留在将课堂内容转变为电子文本形式并在网络平台上共享这一阶段。

结合当前国内外实际,总结近年来出现的互联网教育新形式,可以概括为以下四种。

(1)内容模式

以内容生产作为企业的核心竞争力,互联网只是作为内容传播的平台,将教学内容放在互联网上,从而吸引人气、赚取流量、获得创收的模式,其内容形式包括视频内容和文档内容,二者平分秋色。视频内容又可分为两种类型:一种类型是传统远程教育或网络学校,主要教育形式是把传统教学的内容以视频的形式在网站上播放,让更多的人可以不通过到学校学习也能接受教育,使教育突破了地点的局限,其缺点是互动性差,缺乏针对性。主要用于K12课外辅导和成人从业资格培训。代表产品有学而思网校、华图网校、101网校、新东方在线等。另一种类型是最近几年流行起来的慕课(大规模开放式在线课程),任何人都可以将教学视频通过网络进行全球范围内的分享,优质的慕课网站可以聚集全球顶尖学府的优质教育资源,可以使教育突破学校的限制,每个人都有机会上名校。代表作品有国内的网易公开课、超星学术视频、腾讯微课堂以及国外的TED、EDX、Coursera等。目前慕课正在探索多元化的互动形式,以解决慕课教学模式中现有互动性不强的弱点。

文档内容以提供文档资源作为平台的主要功能,将散落的知识资源集中到一个平台上,使平台成为学习资料库,从而提高资源利用效率。国内最常见的提供文档内容的在线平台包括百度文库、豆丁网,国外有slide-share。还有一种形式的文档资料平台,类似社交网站,大家可以在网站上随意提问,其他成员将会对问题进行回答,互动性较强,是内容平台的后起之秀。这类平台包括百度知道、知乎、百度百科、维基百科、博客、微博、各类论坛及专业网站、微信公众号等。凡是能提供某一领域某一门知识,都可以算作知识提供平台。往大了说,这些都属于教育范畴,本质上讲,人们接收这些信息会内化为自身的知识和智慧,并因此获得成长。

（2）平台模式

以提供平台作为企业运营的侧重点,网站本身不生产内容,仅仅是为资源和用户之间创建链接的平台。根据服务对象不同,目前这种模式的在线教育网站又分为四种类型。

第一种类型是C2C模式,即个人对个人的交易平台,个人可以作为资料提供方,通过网站发布自己想要发布的内容,同时,个人也可以作为资料索取方,通过网站得到自己想要得到的知识。代表网站有多贝网、几分钟网,国外的Udemy等。目前C2C模式面临着管理混乱、教育资源质量难以保障、学员付费意愿不强等问题。

第二种类型是B2C模式,即企业对个人的模式,内容提供商负责生产内容,通过网站平台直接提供给用户。这种模式的教育产品有很多,国内比较知名的品牌有沪江网校、91外教、51talk,国外有University Now、可汗学院、Codecademy等。这类网站运营好的前提是B端作为内容提供方,能够保证提供教育资源的质量,而平台的运营也必须建立在足够的流量基础之上,对于企业而言,既要保证提供好的内容,又要有能力维护好网站的运营。目前这种模式主要运用于语言学习类产品,在K12领域、幼教领域、高等教育领域、职业教育领域均有所涉及。

第三种类型是B2B2C模式,这种模式的主体包括三个环节:内容供应商、平台供应商、用户。内容供应商将内容提供给平台供应商,由平台供应商负责发布,然后用户才能对内容进行消费。目前一些在线教育品牌（如YY网）就是采用这种模式,传统教育机构将自己优质的教育资源提供给YY网,由后者进行发布,然后用户通过YY网进行内容学习。在这里内容供应商只负责内容的提供,平台供应商则负责平台的技术维护,拉拢优质教育资源以及保证网站能够吸引足够多的学员。

第四种类型是B2C+O2O模式,即机构到个人、线上到线下模式。依靠B端的品牌优势和师资优势,吸引用户先到网上进行注册,然后再进行线下体验,最终建立起机构和个人的链接。这种模式运营的关键在于线上与线下的相互转化,尤其是线上资源向线下的变现,是非常难实现的,需要企业有较强的运营能力。

（3）社交模式

这种模式注重网站社交功能的开发,提供类似在线社区的服务平台,使学员之间、学员与教师之间能够更为便捷地沟通交流、相互学习。代表产品有课程格子、三人行、微课网以及国外的Openstudy等。比如课程格子就是一款移动社交产品,能够将课程表相同的学生集中在一个平台上,相互之间进行沟通交流。目前此类网站仍处于开发摸索状态,有很大的发展空间。

（4）工具模式

此类在线教育产品主要是提供各种有助于便利学习的工具,形态比较分散,功能较为单一。代表作品有专门背单词的扇贝网、用来做笔记的印象笔记、提供各类考试训练题目的猿题库、提供课程采购的淘客网等。这类网站功能较为单一,只是针对某些专门领域的特定人群开设。形式正在走向多元化,如扇贝网,提供单词量在线测评、单词库、学习进度控制、阅读、写作以及在线交流等多项服务,正在受到越来越多单词爱好者的欢迎,未来也有很大的发展空间。

2."互联网+教育"特点

无论形式如何灵活多变,互联网教育的核心和实质是不会改变的。互联网教育肯定是围绕教育的本质,用互联网的思维实现教育的目标。从促进教育改革的意义而言,互联网正在迅速改变着教育的形态。

（1）资源共享

互联网教育正在拆去传统教育的时空围墙,改变传统的知识传授方式。从有教育活动以来,优秀的教育资源向来只被少数人或特定群体占有,而互联网时代的到来,使得优秀的教育资源向更广泛的群体扩散,让更多人分享知识成为可能性,最大限度地实现了教育民主和教育公平。无论你在全世界任何角落,只要打开网络,都可以接受全世界最优秀的教师讲最好的课。在传统教育中,由于优质资源有限,许多学生受到所在大学、专业、院系的限制,不能随心所欲地选择自己喜欢的课程,更有很多人没有机会进入心仪的大学接受教育,而在线课堂的开设则让学生可以不受时间、空间、所在学校、专业的限制,不受身份、地位、年龄的限制,选择自己喜欢的课程,让以往学习过程中的不可能变成可能。网络课程大规模开放性的特点,使得它与传统课程一次只能接受几十个或几百个学生听课的情况不同,一门课程动辄上万人甚至几十万人听课,并且通过网上完成,极大地提高了知识传播的效率。未来,象牙塔内外的界限将逐渐模糊和淡化。

（2）交互性

在线教育的交互性体现在对传统单向交流授课模式的颠覆。例如翻转课堂,授课内容由学生自学,在课堂上主要针对有争议的问题,或者有困惑的问题[①],师生之间、生生之间进行交流和讨论,增强了互动。同时,互联网可以使学习交流突破时间和空间的限制,通过在线社区或网络留言,交流可以在任何地点、任何时间进行,网络的屏障也使得师生之间少了交流的拘谨,可以更为真实自由地表达自己的看法。大数据的辅助更是让互联网时代的沟通变得如虎添翼,通过对学生学习行为、学习能力的分析,教师对学生有更科学全面的了解,可以更有针对性地进行沟通交流。

（3）学习游戏化

互联网教育为了吸引学生的注意力,开发了许多网络游戏式的学习方式,从而做到寓教于乐,激发学生的学习兴趣。例如,在考核方式上,有些网络平台推出随堂考试,满10分过关的形式。传统教育采用60分及格的考试方式,60分以上者本门课程算是通过验收,60分以下者需要补考或重修。这种方式的弊端在于,学生对于丢掉的40分知识点并没有掌握,没有达到优秀的教学目标。而互联网教育采用随堂考试的方式,要求学生在掌握一个知识点后,马上进行在线测试,而且就像游戏里的通关设置一样,只有全部答对,才能继续上下一堂课。差几分就要回去重看一次课程视频,看完后再考。考后马上给分,有时候还给出你在考过这个题的人中的排名。这种"即时奖励"的游戏式教学,能够充分调动学生的学习热情,并且使学到的知识更扎实。

（4）个性化

可汗学院的创始人萨尔曼·可汗曾说:"传统的教学法是非人性化的教学,30个孩子不许讲话,不许相互配合,一个不论多么优秀的教师,都不得不按同一个步调教30个学生。"他称此为"监狱型学校"。在不久的将来,

---

① 胡祥,温恒福."互联网＋教育"呼唤教师角色转换[J].教师教育论坛,2017,30(8):26-29.

学习也将变得可以"DIY",充满个性化的学习将真正成为可能。大数据和自动化教学系统使个性化教学成为可能。互联网教育运用计算机特有的数据库管理技术,为个性化教学的实现提供了可行的路径。首先,计算机系统针对学生的学习状况进行完整的跟踪、记录和分析,得出每个学生的学习特点和学习规律,然后,根据这些规律,学习软件系统将推荐适合该学生学习的课程和学习计划,更加人性化,真正做到因材施教,避免传统教育的千篇一律。如万学教育的主打产品海文考研和金路公务员考试,通过更加精细化的课程开发和管理,达到传统课堂教师无法实现的教学效果。在未来,随着互联网的普及,互联网教育将会不可避免地给学校传统教育带来冲击。空间的无界化、内容的多元化、学习的自主化和管理的个性化,必将成为教育变革的方向。

二、基于"互联网+"模式的中学历史教学

历史教师、学生、历史教科书、黑板和粉笔等构成了传统的历史课堂,教师负责讲授,学生听课并记录着知识点,学生的知识可以说是全都由教师讲授所得。而在"互联网+"的社会背景下,这一切都有了巨大的不同。张岩在《"互联网+教育"理念及模式探析》一文中写道:"'互联网+'对教育资源、教育机构、学习模式和教学模式等教育要素带来深刻影响。"这对历史教师来说,由于互联网的飞速发展及学校教学设备的更新换代,教师可以获取各种教育资源并将其充分运用于历史教学之中,历史教学也可以突破时间和空间的限制,将传统单一的课堂授课转变为在线教学或是线上与线下相结合的形式。教师还可以利用互联网的交互便捷特性进行线上的预习与辅导,并且能充分运用微课、云课堂等全新的传播知识途径,使历史教学活动不再局限于教室,最大限度地帮助巩固学生学习成果。于学生而言,学生拥有了更多的知识获得渠道,不用再过分依赖教师、课本与课堂,对于锻炼学生自学能力,促进对知识理解、历史反思,起到积极的作用。

历史智慧课堂也是基于互联网的一种积极且影响较大的教学模式探索。历史智慧课堂,顾名思义指的是历史教学利用现代信息技术,针对历史教学课前、课中、课后三个阶段的教学环节,创造和展示各种趋于现实的历史学习情境,增进师生间、生生间的立体化沟通交流的教学模式。在

这种教学模式操作过程中,系统自动或教师操作系统,充分利用信息技术与大数据来识别学习者的学习情况,针对学生的不同学习情况而提供相应的学习资源,并能够及时对学习者的学习情况进行全方位的评价,实现课堂教学的智慧化。这在一定程度上提高了历史课堂教学的质量与效率,促进了学生的全面发展。

当然,基于"互联网＋"的中学历史教学模式探索远远不止如此,不管是微课、云课堂还是历史智慧课堂,都是作为历史教学的手段或思路而存在,更多的研究摸索仍在继续。这种新式的教育教学手段或思路,顺应了当下中学历史新课改的要求,有助于加快历史学科核心素养的落实。

第二节　"互联网＋"模式下中学历史教学培育家国情怀素养的可行性及优势

在"互联网＋"的时代大背景下,将信息技术运用于历史课堂教学中,已经是屡见不鲜的事情了。"互联网＋"凭借其优势逐渐成为学校教育教学的重要方式,成为推动教育教学改革的重要力量。新一轮课程改革中将家国情怀视为历史学科核心素养之一而明确提出,其重要性与意义由此可见一斑。当下中学历史教学中运用"互联网＋"模式培育学生家国情怀素养成为一种趋势,不仅具有可行性,而且还具有无可比拟的优势。

一、"互联网＋"模式培育家国情怀素养的可行性

互联网的发展与广泛应用,为当下的中学历史教学培育学生家国情怀素养提供了现实可行性,这种可行性主要体现在三个方面,即互联网的发展普及为中学历史教学运用"互联网＋"模式培育学生家国情怀素养奠定了现实基础,海量的网络教育资源为"互联网＋"模式培育学生家国情怀素养提供了资源辅助,师生网络水平的提升也为"互联网＋"模式培育学生家国情怀素养提供了技术支持。

(一)现实基础

在传统历史课堂,培养学生的家国情怀素养全靠教师的理论讲解、思想引导等方式向学生灌输课程标准所要求的世界观、人生观、价值观,但

这种培育中学生家国情怀的模式只适用于信息相对匮乏、获取资源较为有限的社会。时至今日，互联网已经走进了数以万计的寻常百姓家，互联网技术也渗透到社会各个领域，并且产生了极大的影响，传统的历史课堂教学也遭到了极大的冲击。互联网的发展与普及是中学历史教学运用"互联网+"模式培育学生家国情怀素养的前提和基础。据中国互联网络信息中心（CNNIC）的报告显示，截至2022年6月，我国网民规模为10.51亿，互联网普及率达74.4%。而且随着我国社会经济的持续发展，互联网的发展将会更加迅速，普及面也将会更加广泛，我们的社会将会完全被这张"无形的网"覆盖。不管学校对互联网发展的现状是喜闻乐见，还是忧心忡忡，互联网的发展与普及对当今教育的影响都是不以人的意志为转移的，学校教育作为整个教育体系中最主要的一种教育形式，其教育方式的变革是对时代的回应，也是自我发展的一种客观需要。历史教学应该顺应这种趋势进行相应变革，方能在"互联网+"时代创造更有利于学生家国情怀素养生成的条件。

互联网的发展与普及对于当下的历史教育教学而言，既是机遇又是挑战。说是机遇，是因为历史教学可以乘着新一轮课程改革的"快车"，将信息网络技术运用于历史教学的各个环节之中，进而可以不断探索出新的教育教学模式，推动历史新课程改革的进一步发展，实现历史学科核心素养的目标。说是挑战，是基于传统历史课堂教学形式以及新版历史教材而言的。一直以来，我们的历史学科教育教学都是通过历史教师、历史教科书、历史课堂等中介的作用，进而实现传授知识、教育学生的目的。互联网的发展与普及对这种传统课堂教学形式的冲击是不可避免的，不仅是教师，包括学生，都要做好"互联网+"时代教与学方式变化的应对，教师要转变教育理念、思想与方法，学生要转变思想认识、学习态度与学习方法，这对教师和学生来说，显然都是一种不小的挑战。同时，新版统编历史教材由于编写体例的变化，教材体量有了一定幅度增大，但学科课时却基本没有增加，如果教师仍然按照传统的方式备课教学，在规定课时内能否完成教学内容都是个值得思考的问题，更别提实现培育学生家国情怀素养这一更高层次的目标了。倘若能迎难而上、顺势而为，互联网的发展与普及完全可以使其成为当下培育中学生家国情怀素养的助力，促进中学生家国情怀素养的养成。

（二）资源辅助

俗话说"巧妇难为无米之炊"，技艺再好而没有材料，那也是白搭。历史教学中的"米"指的就是各种史料、历史教学资源。历史教师讲课无论语言多么生动精彩，书本内容无论多么娴熟，课堂秩序无论多么井然有序，如果没有能让学生眼前一亮的资料拿出手，吸引学生学习的注意力，增强学生对知识的理解，毫无疑问，这堂历史课的教学效果将会极大地受到影响，不利于历史学科核心素养的落实。培育当代中学生的家国情怀素养，不是靠历史教师干巴巴的说教，反复地向学生灌输其理念与价值意义，也不能一厢情愿地觉得学生会主动学习，而是需要历史教师积极创新教学方式方法，转变教学思路，巧用合适的教育资源，加强对学生各个方面的引导。在"互联网＋"的时代背景下，各种电子教育资源基本上都可以在网上找到，作为教书育人的教师，可以充分利用网上各种形式的资源，包括那些鲜活的经典人物事例、让人心潮澎湃的名言警句、历史小片段、音乐、图片等，都可以作为教育资源出现在我们的历史课堂上，那个仅仅依靠教师和历史教材就能把课上好的时代已经一去不复返了。

时代在变革，教育也应该跟上时代变革的步伐。好的教育需要好的方式方法与合适的资源，好的教育一定要能对学生产生推动力，要有助于唤醒学生内心深处的爱国之情。像历史这类偏传统的课程，互联网的发展及运用不仅大大丰富了教育教学资源，而且也在教学过程中使历史知识的呈现形式发生了改变，还在很大程度上影响了教师的讲授方式。"互联网＋"可以作为一种必要的教学辅助手段运用在历史课堂教学上，当我们教学运用"互联网＋"显现更多、更细、更具体的史料时，学生的眼界更宽、思路更广，感受也将会更深刻。通过声音、图片、文字、视频等创设历史情境，学生不仅能更好地获得历史知识，更能得到精神上的满足、思想情感的陶冶。

需要注意的是，在"互联网＋"的时代背景下，海量的网络电子教育资源一股脑儿呈现在我们面前，但教育资源的丰富并不意味着任何史料都可以拿来用于历史教学，这些丰富的网络电子教育资源仅仅是为当下的家国情怀素养的培育提供了使用的可能，任何的过度或不及、不加甄别的使用，都难以取得理想的教育教学效果。

（三）技术支撑

2010 年颁布的《国家中长期教育改革和发展规划纲要（2010—2020年）》中写道："提高教师应用信息技术水平，更新教学观念，改进教学方法，提高教学效果。鼓励学生利用信息手段主动学习、自主学习，增强运用信息技术分析解决问题能力。"这是国家对教育改革提出的要求。经过10 余年的发展，教师和学生在应用信息技术方面的水平都有了很大程度的提升。教学也好，教育改革也罢，从来都不是教师一个人能独立完成的事情，学生是受教育的主体，教师从来扮演的都是辅助者、引路人的角色，这就决定了教育教学是师生共同参与才能完成的活动，离开了某一方，教学活动都将不复存在。在信息化社会高度发达的今天，历史教师的教学备课已不仅仅局限于教师参考书、历史教材、历史地图等，还可以从网络上寻找各种备课资源，也可以直接学习借鉴其他优秀教师的教学案例，甚至可以利用互联网这个平台，创新历史教学模式。比如，利用历史智慧课堂、云课堂、钉钉会议等 App 进行线上的课程预习梳理，加之线下的教学讲解、复习巩固与教学测评等，可以最大程度的加深学生对历史知识的理解。学生对历史知识的理解是历史学习的基础，对这些基础史实的掌握，有助于学生对历史的发展脉络形成清晰的认识，促进学生学科核心素养的养成。

同时，在"互联网+"的时代背景下，学生也能够更多地接触到网络，学生的网络信息技术水平在接触使用过程中也有了较大的提升，不仅能按照老师的学习要求在网上进行学习，而且还能自主在网上搜索相关的历史学习资源，进行拓展学习，还可以和老师通过网络平台进行学习交流，及时解决自己的学习困惑。"互联网+"的发展，为历史教育教学大面积助力，师生网络水平的提升，便利了师生之间的学习沟通，也为培育当下中学生家国情怀素养提供技术支持与更多可能。

二、"互联网+"模式培育家国情怀素养的优势

在"互联网+"时代，传统历史课堂教育教学的劣势被放大。主要体现在传统历史课堂教学讲授方式单一，一般为教师讲解、学生听记的传统教学模式，学生的学习积极性得不到调动，家国情怀素养的培育效果也大打折扣；知识的呈现形式单一，不符合学生认知习惯，影响学生对知识的理

解和记忆，不利于学生素养的养成；最重要的一点是传统历史课堂教学无法为历史情境的创造提供更多的条件，没有一定的历史情境作铺垫，学生很难理解在距我们如此遥远的时代，历史人物在面临某种情况时为什么会作出那样的选择，而不是这样的选择，这不利于学生对历史的理解，更不利于对学生家国情怀素养的培育。

当下正处于各种思潮涌动的历史交汇期，也是建设中国特色社会主义现代化国家的历史关键时期，亟须培养一批批有理想、有担当、有使命感、有责任感的时代新人。然而传统的历史课堂教学难以克服自身存在的不足，无法肩负起时代赋予的神圣使命，不能实现培育学生家国情怀素养的理想目标。随着互联网的快速发展及广泛运用，中学历史教学运用"互联网＋"模式培育学生家国情怀素养，凭借"互联网＋"模式的优势可以弥补传统历史课堂教学的不足，为处在困境中的历史新课程改革带来了希望。

（一）满足了学生个性化的学习需求

"一千个读者眼中就会有一千个哈姆雷特。"学生的思维想法是多元的，每个学生都是独一无二的个体，对历史知识的感知形式也是各有不同的。传统的历史课堂最被人诟病的就是它忽略了班级与学生的差异性，教师备一堂课往往多个班级通用，更不必说兼顾到班级里的每个学生。毫无疑问，这种教学方式与我们一直提倡的"为了每个学生的成长与发展"理念是背道而驰的。但在教育资源缺乏、教学手段落后的情况下，教师的这种做法也是无奈之举。今天的学生与以往学生相比，个性化特征更加明显，他们对个性化学习的需求比以往任何时期都要强烈，如果我们的历史教师还要固守老一套备课教学模式，可以预见教学最终将会收效甚微。随着"互联网＋"时代的到来，互联网的优势愈发明显，在教学领域被广泛运用，成为历史课堂教学一大助力，使历史课堂逐渐摆脱了枯燥、无聊、守旧、刻板的印象。"互联网＋"与历史教学的有机结合，为历史教学带来了生机与活力，它既有助于提升学生的学习效率，又能满足学生个性化学习的需求。例如，在每堂课之前，历史教师可将自己提前搜集整理好的备课资源上传至智能学习平台，学生可以依据自己的学习需求及喜好选择性地了解学习。对历史图片敏感的学生，可以多欣赏历史图片，通过对图片及文字的思考能促使其追溯图片的历史渊源；对文字史料感兴趣的学生，可以多看看老师分享的史料,在史料中遨游,探寻古人的智慧;对注重眼耳感官刺激的学生,可以多欣赏音视频资源,进而在视听觉享受中获得知识,增强情感体验。在正式上课之时,由于学生此前按照各自的兴趣需求对学习内容已经有了一定的了解,学生的参与性将会极大程度被调动起来,教师上课自然而然效率提高,学生在潜移默化之中素养得到提升。

历史是严肃的,但历史课却不是,它不应该成为枯燥乏味的代名词,它可以用轻松活泼、学生喜闻乐见的方式实现知识传授与价值观教育的目的。历史教学在不违背史实的前提下,历史教师可以运用抑扬顿挫的语调、有趣幽默的语言进行表达,这将比平铺直述的讲课方式更能吸引学生的注意力,也更符合学生对趣味和宽松课堂氛围的需求。在这种情况下的教课与学习,教师和学生才会实现共赢,学生的素养能潜移默化的提高。在"互联网+"时代,学生个性化学习的需求将会进一步得到满足,主动权和选择权也尽可能多地归还给学生,他们通过互联网平台,并按照自己的学习习惯,搜索需要的学习资源,选择适合自己的学习方法,制定与自己情况相符的学习进度。例如,对于某一课的内容,基础较好、理解能力强的学生可以加快进度对基础知识简单了解一下,甚至是直接跳过,他们可以重点关注老师提出的开放性问题,利用互联网自学或是合作学习的方式解决问题、获得知识;对于基础稍微薄弱的学生,可以从基础知识学起,适当放慢学习进度,通过打牢基础,重拾学习信心,在点滴积累之下,学生能力得到提高,为家国情怀素养的养成创造良好的条件。

(二)呈现了多类型的家国情怀教育资源

历史教学运用"互联网+"模式培育学生家国情怀素养的又一优势是可以在历史教学过程中以动、静态形式呈现各种类型的家国情怀教育资源,通过对这些不同形式、不同类型的家国情怀教育资源的合理运用,学生在获得知识的同时也能逐渐丰富精神世界。

1.文字资源

文字资源是最常见的教育教学资源,不仅包括纸质文字图书,更包括网上海量的电子文字教育资源。自古以来,中国都是一个重视历史的国家,各类历史典籍可谓浩如烟海,其中不乏记载舍生取义、忧国忧民、自强不息、尊老孝亲等的历史典故。在技术落后、资源有限的情况下,教师和学生查阅这类文字资源确实有一定难度。随着现代科技的发展,这类优秀的历史典籍基本都有影印电子版本。上检索查阅方便快捷,为教师和学生提供了便利。这些优质的教育资源在适当的课程内容节点上引入历史课堂,不仅能增强课堂的趣味性、故事性,而且还有助于激发学生对中国传统文化的自信心和自豪感。

2.音视频资源

音视频资源是历史教学资源的又一个重要组成部分,它包括真实的历史纪录片、录音、历史题材的影视作品等。它作为一种现代化的教学资源,已经广泛被应用于历史课堂上。不管是音频资料,还是历史纪录片、影视作品,它们在帮助学生建构历史情境方面都能起到意想不到的作用,毕竟今天所学的历史都是过去所发生的,历史的不可逆性注定了我们是无法亲身经历的,但通过对音视频资源的运用、教师语言的引导,巧妙地和历史教学内容结合起来,可以最大程度上让学生有身临其境之感,对于集中学生注意力和增强学生历史理解有莫大帮助。例如,在学习统编版中学历史教材晚清救亡图存的专题时,教师就可以根据教学内容的设计将《鸦片战争》《火烧圆明园》以及《走向共和》等影视资源在恰当的时机引入历史教学中,播放关键片段,加深学生对列强暴行的了解,使学生能更深刻地感受到列强给中国人民带来的伤害,理解中国近代化的艰难历程,进而激发学生的历史担当与爱国情怀。

3.图画资源

图画本身含有大量历史信息,在历史教学中是不可忽略的资源。图画包括照片和绘画,前者是客观记录的,相对而言人为篡改的可能性较小,但出于不同目的拍摄的照片,在实际应用中也要注意甄别;后者则为艺术的加工,它的可信度虽没有照片高,但它是源于生活又高于现实生活的,在一定程度上也能反映社会现状,因此也具有一定的史料价值。在"互联网＋"模式的历史教学中,图画的使用比传统历史课堂图画的使用要方便的多,图画的来源也将更加广泛,不再局限于历史课本的插图与历史地图册的图画。图画在历史教学中运用其最大的优势是直观性,这种直观的视觉冲击对学生而言远比教师的口头叙述要记忆深刻得多。例如,教师在给学生上晚清时期列强侵略中国的暴行体现时,与其口头陈述列强的侵略暴行,倒不如直接给学生呈现出一幅幅图画,让学生直观感受;讲到圆明园时,直接给学生呈现出圆明园被劫掠烧毁前后的对比图,一个宏伟壮观,一个破败不堪,通过前后图画对比,给学生一种鲜明的视觉冲击感,由外到内,由浅到深,逐渐唤醒学生的情绪,点燃爱国激情,使学生真正明白落后就要挨打的硬道理,从而可以自觉树立起以推动国家强盛、人类社会进步为己任的担当与使命意识。

4.各类博物馆纪念馆资源

各类博物馆纪念馆的藏品都是历史的见证者,它们不只是文化,更是历史教学重要的辅助资源。历史课程内容难免会有晦涩、抽象的地方,之所以会如此,主要是由历史与现实的差距造成的,如果能让学生去看一看、瞧一瞧,这些抽象的、难以理解的知识也许学生就直接搞清楚了,然而出于时间、空间、安全、经济等因素考虑,这又是不切实际的。随着互联网的发展普及,使得这一切又变成了可能,各类博物馆纪念馆基本都建立了相应的网站,学生只要搜索网站的首页,就可以在网上进行云参观,足不出户也能看到历史文物和历史场景,不仅有助于增强对知识的理解,更有助于陶冶学生情操,了解国家、社会的历史变迁,培养正确的历史观和国家观。

(三)打破了家国情怀素养培育的时空限制

历史作为一门基础性的人文学科,在育人方面有着重要的价值与意义。在当代,通过历史教学培育具有家国情怀素养的人是它意义之所在[1]。传统历史教学将学生集中在一间教室里,通过教师对重难点的讲解引导,学生理解知识;通过对知识的感悟,不断丰富自我情感,体认家国情怀。当下各种思潮涌入,而中学生又处在思想价值建构的关键时刻,他们作为民族的未来,早日培育学生的家国情怀素养,形成正确的民族观与国家观是迫切且必要的。然而一直以来历史学科被看作是"副科",课时少,教师和学生的交流也多限于历史课堂,课后时间紧凑,很少有学生会像思考数学、物理等学科问题那样思考历史学科问题,学而不思则罔,更别提学生能从中获得精神上的满足了。在统编新教材的大体量现实情形下,一些教师为了赶进度更是省略了和学生的交流互动环节,课堂完全变成教师的主

①李亚光.论高校历史学科核心素养培养对教师教学的要求[J].渤海大学学报(哲学社会科学版),2021,43(2):40-45.

场,学生完全被动适应教师教学的节奏。在短短的45分钟课堂时间内,一方面要求学生跟随教师的进度学习新知识,一方面又要学生能获得情感体验,不管是对教师的教学,还是对学生的学习,这都是个不小的挑战。如果没有足够的时间作为保证,培育学生家国情怀素养将成为一句空谈的口号。

"互联网+"模式下培育学生家国情怀素养的突出优势就是打破了传统历史课堂教与学的时间与空间限制。在"互联网+"的时代背景下,教师可以通过云课堂、历史智慧课堂、钉钉直播等网络平台以无接触方式上课,学生只要手边有一部电脑或智能手机就可以随时随地学习,课后遇到难以理解的知识点或者问题可以反复地、多次地回看上课的视频,这样算下来,学生的学习时间远远不止传统课堂的45分钟,而且有任何疑问可以直接通过后台反馈给教师,教师可以第一时间解答学生的疑惑。如此一来,能够最大程度地保证学生对知识的理解,对于促进历史学习与学科素养的生成大有裨益。

当然,中学历史教学基于"互联网+"模式的学生家国情怀素养培育并不拘泥于以上这些教学App或教学网站的远程在线教学。正如前文关于"互联网+"的论述一样,"互联网+"只是一个平台、一个枢纽、一种手段,"互联网+"的"+"加什么、怎么加、如何加,都是由使用者决定的。将互联网信息技术应用于传统历史课堂教学之中,已是一种普遍做法,一定程度上能使历史课堂变得生动活泼,在良好的环境中,学生能更好地理解知识、陶冶情操,这是"互联网+"对传统历史课堂的一大助力作用。课后师生还可以通过微信、QQ、MSN、E-mail等现代通讯工具联系交流,无论教师有什么任务发布或是资源分享,或是学生有什么不懂的问题都可以通过这些通讯工具及时互动,打破了传统课堂教学"出了校门,师生断联"的窘境,加强了师生之间的联系,保证了教育的一贯性与连续性,有助于学生家国情怀素养培育的真正落实。

中学历史教学与家国情怀素养培育策略研究

第三节 "互联网+"模式下中学历史教学培育家国情怀素养的原则与策略

在"互联网+"的时代背景下,基于"互联网+"模式培育学生家国情怀素养不仅可行,更具有它独特的优势。但需明确的是,不管运用何种模式培育学生家国情怀素养都要遵循相应的原则,掌握一定的策略,历史教学中运用"互联网+"模式培育学生家国情怀素养也同样是大有讲究的。

一、"互联网+"模式下中学历史教学培育家国情怀素养的原则

中学历史教学运用"互联网+"模式培育学生家国情怀素养要遵循一些基本原则,对这些原则的理解和掌握,能帮助教师做到心中有数,从而更好地培育学生家国情怀素养。

(一)科学性与系统性相联系的原则

科学性主要体现在历史教学运用"互联网+"模式培育学生家国情怀素养的教育内容的选择及运用上,要求材料观点正确、内容合理准确清晰,任何不确切的历史信息、资源材料都不应出现在学生面前。例如,中国香港某一年的"高考"历史试题,题目内容大体是20世纪初到该世纪中叶,日本为中国带来的利多于弊,你是否同意?且给出的引导材料可以称之为1900年到1912年之间日本对中国一些"帮助"的材料。毋庸置疑,这种掩盖真相、歪曲事实且诱导性强的材料就不应该给学生呈现,更不该出现在学生考试试卷中,它严重伤害了国民的感情,也影响了青年对历史真相的认识。在"互联网+"社会,学生能够获得信息的渠道越来越多,在浏览网页时难免遇到一些不良信息,学生极易信以为真,这会给正处于养成正确是非观、价值观的高中学生造成更多的困扰,也不利于培养与主旋律一致的家国情怀核心素养。

系统性主要是指历史教学运用"互联网+"模式培育学生家国情怀素养要按照其具体内容要求,有系统、有逻辑地将其分类,并按照相应计划

164

进行讲授的一种原则①。家国情怀的内涵极其丰富,历史教学不可能用一堂课就将学生的家国情怀素养培育完成,这是一个螺旋上升的过程,历史教师要做好相应的计划和准备,处理好传授知识与思想教育的关系,使学生在系统地获得知识的同时,也能使内在获得发展。

互联网开放、共享的特点,一方面给历史教学培育学生家国情怀提供了更丰富的教学资源,为教育教学创造了便利条件;另一方面也给教育教学带来了挑战。"互联网+"模式培育学生家国情怀素养的科学性与系统性原则不仅体现在教师教的方面,也体现在学生学的方面。在"互联网+"的时代背景下,互联网成为一种大型公共平台,不仅教师可以利用这个平台开展自己的教学工作,学生同样可以利用这个平台学习,网络上各种信息都有,教师除了要在教学前仔细挑选科学合理、观点准确的家国情怀教育资源外,还应帮助学生提高鉴别甄选教育资源的能力,要教会学生根据网站的性质判断网络信息的可信度。就一般意义而言,历史类专业网站比一般网站里的信息可信度要高,在这种网站上学生更容易找到与主流价值观相符合的家国情怀教育资源,有助于学生自我学习、深化情感。学生家国情怀素养的培育是一个长期的过程,不可能一蹴而就。在最新版的中学历史课程标准中对家国情怀有更多、更具体的目标要求,应该按照家国情怀具体目标的内在逻辑关系和学生的认知能力开展相关的教育教学工作,既要保证"互联网+"模式下中学历史教学培育学生家国情怀素养的科学性,又要兼顾好家国情怀素养培育的系统性,这样才能取得好的教育效果。

(二)技术性与人文性并重的原则

家国情怀素养的培育对象是学生,基于"互联网+"模式的历史教学培育家国情怀素养的对象还是学生,因此在运用"互联网+"模式培育学生家国情怀素养的过程中,不仅眼里要有技术,更要心中有学生,注重加强对学生的人文关怀,充分考虑学生的生理、心理特点,制定适合班级学生的家国情怀素养培育策略。

诚然,互联网时代给教学提供了许多便利,互联网技术在课堂的应用也极大地丰富了教学内容的呈现形式,为教学增添了色彩,但随之而来也产生了一些问题,一些教师在构建信息化课堂口号的提倡下全面使用多媒

---

①赵今.初中语文综合性学习中言语能力的培养策略研究[D].成都:四川师范大学,2020:11-17.

体技术、网络信息技术,历史课俨然成了信息技术课。个别教师更是为了营造耳目一新的感觉,忽略学生与教学内容的实际情况,将课件内容、特效做得花里胡哨、华而不实,甚至与历史课堂教学氛围不相符。很显然,在这种情况下的教学效果必然不会好,学生学不到知识,也无法获得精神上的陶冶。究其原因,是教师对学生与技术手段的关系认知不清造成的。说到底,历史教学运用"互联网+"模式培育学生的家国情怀素养,"互联网+"应该是为促进学生学习服务的,它绝非仅仅是为追求教学手段的新颖,如果不能满足学生的学习需求,那么它就没有运用的必要。此外,在实际教学过程中不要拘泥于课前既定的教学准备,真实的课堂情况是时刻在变的,教师不可能对所有的环节进行预设,因为学生都是灵动而富有生机的个体,所以教师就要根据实际情况助推课堂动态环节的生成。基于"互联网+"模式下的历史教学培育学生的家国情怀更应该如此,只有正确认识技术、学生与课堂的关系,不因技术手段运用而忽略人,也不因要以学生为主而忽略课堂上互联网技术的运用,才能真正将"互联网+"模式培育学生家国情怀素养的优势发挥到最大。

(三)教育性与趣味性相统一的原则

教育性即教育意义,是教育的显著特性。历史教学的意义是极其重大的,一方面能让学生了解过去、获得知识、丰富精神世界;另一方面可以"鉴于往事,有资于治道",从历史中为当下遇到的问题寻找解决办法。"互联网+"模式下的历史教学也要遵循教育性原则,让学生能够在新的教学模式中学到知识,促进自我素养的提升。趣味性指的是在历史教学运用"互联网+"模式培育学生家国情怀素养的过程中,找到同教学内容相关且匹配学生兴趣的教学方式、史料等,让学生能在学习过程中感受快乐,从而自觉自愿学习的特性。

历史教学培育学生的家国情怀素养不能靠空洞的说教来实现,历史课程中有丰富的既有味又有趣的教育教学资源,应该将这种资源充分挖掘利用起来,以此激发学生的家国情怀。在"互联网+"模式的历史教学中,课堂教学的呈现形式更加多样,这就意味着在培育学生家国情怀素养过程中有更大的可能将教育性与趣味性贯通起来。教育性体现在教学过程始终,学到的知识,体悟到的情感,都是教育性的体现,这和赫尔巴特提出的"教育性教学"思想是一致的。"互联网＋"模式下中学历史教学贯彻教育性原则相对容易,通过多种形式的资源、技术手段给学生呈现出最接近历史的一面,从而帮助学生更深层次地认识历史、理解历史。中学历史教学运用"互联网＋"模式践行趣味性原则并不是说要逗弄课堂,哗众取宠,而是要求教师注重讲话的艺术,精心准备讲课内容,将那些既有味又有趣的教学资源用到极致,让学生既能在宽松氛围中学到知识,又能获得良好的情感体验。家国情怀在这样一次次的学习中潜移默化地得到涵养,远比专门开展家国情怀相关的专题教育要有效果得多。"互联网＋"模式下的中学历史教学,无论是在课前导入环节,还是正式讲授过程中,它所能创造的趣味是传统单一历史课堂所无法比拟的,教师可以借助各种形式的资源,结合自己精妙的讲解,大大提升历史课堂的趣味性,从而帮助学生实现从"教师要我学"到"我自己要学"的转变。学生的主动参与,加上历史教师的引导,培育学生的家国情怀素养便指日可待。

(四)因"材"施教与因"才"施教相结合的原则

"因材施教"是孔子的教育主张之一,今天提倡的"因材施教"原则也是由此发展而来,主要指的是教师要依据学生的实际情况、个体差异,做到有层次、有差别的教育教学。从以上可以看出,这是针对学生而提出的教育教学原则。在这里,因"材"施教的"材",除此意义之外,还有另一层意思,即材料、资源。历史教师在运用"互联网＋"模式培育学生家国情怀素养过程中,不仅要依据学生的个体差异,还要充分考虑运用"互联网＋"模式教学手头可获得、可利用的家国情怀教育资源的多寡、类型及质量高低等的问题,这种因"材"施教才是本文所提倡的,它可以最大程度促进学生发展,有助于家国情怀素养的落实。

历史教师运用"互联网＋"模式教学还要注意对因"才"施教原则的掌握,这是专门针对教师而提出的,这个"才"指的是教师的才能、技能或擅长的教育教学方式。它体现在多个方面,包括历史教师的语言表达能力、人际交往能力、应对突发事件的能力以及熟练运用以互联网为核心的各种现代教学手段的能力。在实际教育教学过程中,历史教师若能拥有以上一种或多种技能、才能,将能在"互联网＋"时代的教育教学中立于不败之地。

因"材"施教与因"才"施教在实际教学过程中是密不可分、相辅相成的。历史教学基于"互联网+"模式培育学生的家国情怀素养也应将因"材"施教与因"才"施教原则贯彻融合。今天网络信息高度发达,物质生活更加丰富,学生的心理与生理特点更加明显,个体差异表现突出。与此同时,互联网的发展与普及也极大地促进了资源的共享,科学技术的进步使得各种传统稀缺的纸质文献资料以影印或电子文献的形式面世,教师的视野被打开,教师所能获得的家国情怀教育资源材料也更加丰富。在中学历史教学运用"互联网+"模式的过程中,教师应该对当前学生的情况以及可获得教育资源的情况有一个清晰的认识,培育学生的家国情怀要顺势而为、因势利导。例如,我们在讲明朝的民族英雄戚继光、俞大猷时,学生忽然提到了此前学习的岳飞、文天祥等人,教师完全可以暂时放弃此前的备课思路,并就这一问题引导学生搜集资料、展开讨论,让学生分析他们是否可以被称为"民族英雄",为什么?那么又该怎样认识界定他们?学习他们身上的什么品质?结合学生的回答,老师点评分析,并找出最新官方文件对"民族英雄"的重新界定,阐明他们不被称为"民族英雄"的缘由,由此逐渐使学生认识"民族英雄"的内涵是具有社会历史性的特点,同时得出结论:他们是英雄,是他们所处时代的脊梁,为国家尽忠,为人民尽心,他们身上的气节仍然值得我们学习。很明显,教师随机应变,引导学生深入分析并得出结论,比直接陈述岳飞、文天祥不是民族英雄要有说服力得多。在这种学习过程中,学生不仅能真正学到知识,也能锻炼他们的历史思维,更有助于家国情怀素养的生成。

二、"互联网+"模式下中学历史教学培育家国情怀素养的策略

中学历史教学运用"互联网+"模式培育学生家国情怀素养最终是要通过学生的言行举止来体现的,它不仅仅要遵循上述的一些原则,更要灵活运用各种策略,以期促进学生家国情怀素养的早日生成,帮助学生实现自我价值。

(一)科学进行学情分析,全面了解学生情况

古语有云:"知己知彼,百战不殆。"尽管学生和教师不是对立关系,但学生作为学习的主体,对其进行相关分析、充分了解学生情况是十分必要的。"备学情"即学情分析,它是指全面了解学生的学习及相关情况,既包

括学生已有基础知识的水平,也包括学生学习心理、生理及社会特点等。如果没有事先对学生情况进行全面深入的了解,备课的效果必然不如人意,甚至可以说这次备课是不成功的,在实际教学过程中学生将会学得痛苦,教师也会教得难受,得不偿失,最终的教学效果亦是可想而知的。在运用"互联网+"模式培养学生家国情怀素养的备课过程中,历史智慧课堂、云课堂以及各种辅助类教学 App 等都能有效地满足教师在备课阶段对学情的掌握,它们都能为学情分析助力,帮助历史教师全面了解学生的情况。有效的数据分析是得出科学结论的重要基础。教师通过对学生在该平台的学习情况以及课前自测题目的正确率的了解分析,基本能够较全面地知晓每个学生的情况,包括学习时长、学生效率、对各板块知识的掌握情况等,从而可以更好地把握教学重难点,制定出与学生相适应的教学目标,选用更恰当的教学方法。

以实习期间高一年级某班学生为对象,以部编版八年级第二单元《近代化的早期探索与民族危机的加剧》内容为例进行简要说明。在备课之际,教师可将提前准备好的导学案和经典例题发布在云班课 App 平台上,导学案的内容主要是本课的基础知识,包括洋务运动、甲午战争及瓜分中国狂潮、戊戌变法、抗击八国联军等具体内容,它主要为了帮助学生掌握基础知识;例题分一般难度和拔高要求两类,包括太平天国时期的纲领文件、洋务运动的成果、《马关条约》的内容、晚清时期国家出路探索失败的分析、列强侵略加剧的影响等,这是为了检验学生预习的效果。通过学生回答及批阅情况,系统会自动生成数据分析报告,教师在后台可以准确了解每个学生的预习效度,从而能为教师制定更贴合学生实际的教学目标提供帮助。历史教师在运用"互联网+"模式备课、授课的过程中,更能及时获得科学的学情分析。通过对学情的分析,适时调整教学重难点,有助于教学的顺利实施与学生知识的获得。当学生有了一定的知识储备之后,才能逐渐理清历史脉络,对历史形成自己的认识,最终也能为培育家国情怀素养产生积极的推动作用。

(二)重视多媒体功用,循序渐进培育学生家国情怀素养

家国情怀是历史学科五大核心素养的核心与落脚点,是其价值追求的目标,决定人们的思想取向和行为选择。在当下培育学生的家国情怀素养

是一件刻不容缓的事情,尽管如此,这也并不意味着它可以一蹴而就。从新版中学历史课程标准对家国情怀素养的叙述来看,家国情怀素养的水平可以划分为四个层次,这就表明了它是有层级要求的:低层次的为水平1和水平2,这主要体现在认知层面,包括对家国、对优秀传统文化的认同感,对祖国人民的深情大爱以及对其他文化的尊重理解;高层次的为水平3和水平4,它已从低层次的认同、尊重、理解要求上升为每个人自发自觉身体力行的高度,愿意投身当代中国建设,并能为中华民族的伟大复兴贡献自己的力量。这是一个渐进的、螺旋上升的过程,只有当低层次的家国情怀素养培育目标实现了,才有可能推动家国情怀素养目标向高层次水平迈进。

中学历史教学在运用"互联网+"模式培养学生家国情怀素养的过程中,教师可充分利用多媒体信息技术辅助历史教学。如在讲授抗日战争相关内容时,书本上的三言两语远远说明不了战争的残酷,这时教师可通过运用多媒体设备呈现相关的图片、视频等,充分调动学生多感官参与课堂学习,使学生产生共情心理,提高历史课堂教学质量,促使学生对家国、民族等的责任感的生成。同时,教师也要有意识地向学生宣传身体力行、知行合一的重要性,鼓励学生学习诸如戚继光、邓世昌、钱学森等众多历史名人身上的优秀品质,并能自觉地将这种优秀品质作为自己的行动标尺,在外要主动做家乡、祖国的文化传播者、名誉的捍卫者,当遇到他人诋毁我们的家乡、侮辱我们的祖国的时候,要敢于站出来维护我们家乡与祖国的名誉,自觉地将个人荣辱与家乡、祖国联系在一起,爱家乡,爱祖国,积极投身中国特色社会主义事业的伟大建设之中。

(三)以景入情,利用神入思维

以景入情,通俗来说就是移情,即通过各种手段创设符合该课题教学主旨的情境,让学生通过这种情境能设身处地的"站在历史人物的角度思考",理解他们为什么在那种处境下选择这样的做法,而非那样的举动,从而达到锻炼学生的历史思维、深化情感体验的目的。从这个角度看,充分利用神入思维对历史教育教学有着非比寻常的意义。信息技术的飞速发展,互联网的普及应用,为神入思维教学提供了便利的条件,它可使学生通过体验逼真的历史情境深入体会历史境况,增强情感体验,加深其对历史意义的认知,强化学习效果。

在"互联网+"模式的历史教学中,这种以景入情,利用学生神入思维的教学方式越来越多样化。比如,专用的历史教室,它基于互联网平台,一般有配置齐全的历史交互教学系统、历史情境模拟系统、全息历史教学系统以及一些常用的教学辅助设备等,通过超宽屏的投影及集成多点触控功能,可将历史资料、文物以各种形态或方式呈现在学生面前,让学生能多角度理解分析这些资料、近距离观察历史文物全貌,感受震撼的视觉效果。师生之间可以进行实时的交流互动,便于学生对过去的理解。或者通过VR虚拟技术,让学生神入其中,"亲身"体验某些历史情境,并且可以在这些情境中充当各种不同角色,体会所扮演的不同角色的历史人物的处境,思考假使那个人就是自己又当如何选择,从而增进对历史人物所做选择的理解,更能体会到他们在所处时代对国家人民的那种深情大爱。学生通过这种神入其中的方式,不仅有助于学习知识,更能在设身处地的境况下获得丰富的情感体验,激发他们内心深处对家乡、祖国与人民的热爱之情。这种感性认识的形成与家国情怀素养的理性认识相结合,有助于学生在实践中身体力行。此外,江浙沪一带利用平板辅助课堂教学的实践,也值得在历史课堂一试。在教学过程中,教师可以将一些关键的材料发布在系统中,帮助学生构建脉络、理解学习内容的情境。比如伴随着教师的引导,学生戴上耳机或品旋律,或欣赏视频,将学生从现代引入教学内容所处的历史情境中,让学生能设身处地看到当时人们的世界,对时人的遭遇感同身受,从而达到帮助学生形成正确历史观、价值观的目的,使学生能更客观、公正、全面地认识历史,思考现实社会问题,并且能在以后的实践中积极寻找解决这些问题的办法。

第四节　"互联网+"模式下中学历史教学培育家国情怀素养的现实问题与应对

尽管时代发展给予今天的教育教学创造了历史上不曾有过的便利条件,在历史教学中利用"互联网+"模式培育学生家国情怀素养也成为常态,但不可否认的是,它仍有现实问题需要解决,这些问题主要包括网络基建、网络环境、教师和学生四个方面。

一、"互联网+"模式下中学历史教学培育家国情怀素养的现实问题

"互联网+"模式培育学生家国情怀素养优势明显,也能成为特殊情况下对学生进行家国情怀教育的不错的选择,但在实践中存在的现实问题也不容忽略,主要包括物的问题和人的问题两类,具体又分为以下几个方面。

(一)学校多功能教学设备和网络基础建设有待完善

中学历史教学运用"互联网+"模式培育学生家国情怀素养,具体模式呈现多样,但无论哪种,都离不开对现代信息媒介工具的运用。拿翻转课堂来说,教师需要提前录制剪辑视频,然后将其上传,学生则通过登录应用设备学习教师为他们提前准备的材料,这表明教师和学生运用翻转课堂学习时是需要有相应设备的;专用的历史教室教学优势明显,也更容易为培育学生的家国情怀素养创造条件,但不得不承认,其造价高昂,各种基础设备价格不菲,维护成本较高,这也是当前各地学校专用历史教室数量不多的重要原因之一;还有其他需要借助诸如平板电脑等移动端设备进行的历史教学,这种智能设备的配备也有待完善,尤其是中西部欠发达地区与广大农村的学校,这种设备不足的情况尤为突出,成为中学历史教学运用"互联网+"模式培育学生家国情怀素养的阻碍。

此外,网络基础设施不完善也成为制约历史教学运用"互联网+"模式培育学生家国情怀素养的重要因素之一。毫无疑问,"互联网+"模式教学与互联网有着密切的联系,尽管最新的互联网发展状况报告显示,我国互联网的普及率相对世界其他发展中国家而言较高,但仍然有进一步的发展空间。如新冠疫情期间,各个学校严格贯彻中央"停课不停学"的指示,利用网络平台进行云授课,总体反响良好。新闻报道中的一则事例让人印象深刻,某地学生每天拿着手机去离家数公里远的山上学习,仅仅是因为山上信号好,这说明我国的网络基础建设有待进一步完善。相较而言,东部发达城市与乡村地区的学校运用"互联网+"模式培育学生家国情怀素养的基本条件较中西部地区的学校要成熟,它们的现代多功能教学设备及网络基础设施比较完善,可以在历史课堂上享受科技进步带来的便利,诸如

讲述我国早期人类生活及文明的起源时,能够直接将人工智能技术模拟他们生活状态的视频呈现在历史课堂上,这无疑有助于学生了解我国早期人类生活及文明的起源历程,有助于学生树立正确的历史观。但我国广大中西部欠发达地区范围远比东部发达地区的范围要广、学生数量也要多得多,着力解决广大中西部欠发达地区学校的现代多功能教学设备配备与偏远学校不通网、网络环境差等基本问题,完善教学设备配置与网络基础设施建设,使中西部地区学校也能享受到与东部发达地区学校同等便利的教育条件与优质的教育资源,对于推动中学历史教学运用"互联网+"模式培育学生家国情怀素养,实现教育公平具有至关重要的意义。

(二)学生接触不良网络信息概率增加

"互联网+"时代,知识与信息爆炸成为一种普遍现象并持续发展,人们在一天之内、几个小时,甚至数秒就能获得以前需要花费一定人力物力财力才能获得的信息与知识,这一切都得益于互联网的发展。时至今日,人们对互联网发展的利弊认识并没有完全统一。互联网发展带来的益处已不必多说,建立在互联网发展为教育教学带来便利的前提之下,同时也注意到了基于"互联网+"模式培育学生家国情怀素养所面临的最直接问题——学生接触隐藏在网络上的不良网络信息概率增加。据最新调查报告显示,约有46%的未成年人曾在网上遭遇过各类不良信息。

不管我们对"互联网+"的态度如何,它对人们生活方方面面的影响都是真实存在的,包括对学生的影响,这是无法回避的。今天在历史教学中基于"互联网+"模式培育学生家国情怀素养的尝试,师生都需要接触互联网,并通过其寻找所需信息及各种家国情怀教育资源,其中不乏一些隐藏在网上的不良信息资源、不正确的思想言论。对于有辨识能力的教师而言,能自觉主动忽略不良信息,寻找自己需要的教学信息资源,但对于是非观尚待养成的学生来说,看到这些不良信息言论,并不能作出正确分辨,且容易将哗众取宠的言行当作敢说真话、真性情,进而被学生诱导,不利于学生正确价值观、是非观的形成。例如,有人上传在南京大屠杀纪念碑前穿日本军服的摆拍照片,如果没有教师的引导,学生自己无意间看到就很容易造成困扰——究竟南京大屠杀纪念碑纪念的是什么? 为什么他们会拍这样的照片? 学生不明就里,更有甚者觉得"帅""酷",可能会盲目模仿。网络环境复杂,接触不良网络信息的概率增加,究竟怎样能将其负面影响最小化,也是当前历史教学运用"互联网+"模式培育学生家国情怀素养所要解决的问题之一。

(三)历史教师需进一步提高自身素养

"互联网+"时代各种先进技术的引入,一方面在很大程度上便利了教育工作者的教学工作、丰富了教学方式、提高了教学效率,同时也对教师提出了更高的要求,这主要包括历史教师教学素养、互联网信息技术素养和职业道德素养三个方面的要求。历史教师的教学素养指的是自身所具备的学识与运用多种方式教学的能力素养。学无止境,教师也要不断地学习,充实自我,提升自己的教学素养。互联网信息技术素养指的是其可以在实际教育教学过程中能够充分利用互联网信息技术的能力和意识[①]。就目前来说,历史教师利用互联网信息技术的能力和意识还需进一步提高,互联网信息技术的发展日新月异,但部分历史教师对互联网信息技术的认识还停留在搜索资源的作用上,未能深入地探索运用。随着网上教育资源的增多,也对教师甄别与选择优质教育资源提出了更高的要求。教师利用找到的教育资源制作PPT课件,这算是一种最基本的运用,但一些教师使用PPT课件只是为了节省板书时间,放电影只是为了活跃课堂氛围,并未将互联网信息技术真正地、完全地融入历史课堂的教育教学中。此外,一些历史教师虽对互联网信息技术有了一定的认识,也想充分利用新的技术手段创新历史课堂教育教学,但基于"互联网+"而衍生出的教学模式较多,没有系统的培训和学习,教师心有余而力不足,最后恐怕也只会闹出"画虎不成反类犬"的笑话。

教师的职业道德素养体现在对技术、对学生的定位认知层面上。中学历史教学运用"互联网+"模式培育学生家国情怀素养,要对"互联网+"模式有个清晰的认识,要能分得清楚历史教学、"互联网+"模式与学生三者谁是主体、谁是客体,互联网信息技术仅仅是历史教学的一种工具、媒介、手段。家国情怀素养的培育对象是学生,培育学生的素养应该从学生的兴趣点入手,但在现实历史教学中,一些教师为了信息化教学而教学,忽略了教育教学的本质,致使"互联网+"模式教学培育学生的家国情怀素养效

①李明珠,余敏.高校思政课混合式教学模式研究[J].湖北经济学院学报(人文社会科学版),2022,19(5):141-145.

果不尽人意。

(四)学生"开小差"的情况更难发现

"互联网+"模式下的历史教育教学,能够极大程度地满足学生的个性化学习需求,与此同时也对学生的素养和能力提出了更高的要求。在"互联网+"模式之下,历史教学需要每个学生自觉主动地参与其中,掌握一定的信息技术,能够利用互联网平台进行学习。对于生活在"互联网+"时代原住民的学生而言,这些网络基本操作或许早已娴熟于心,但仅能如此是远远不够的,毕竟利用互联网学习不等同于单纯的上网冲浪。

世上找不到两片完全相同的叶子,也不会有完全相同的学生。学生的情况千差万别,每个学生的学习心理、学习动机也都各不相同,基于"互联网+"模式的历史教学培育学生家国情怀素养,需要学生的配合并具备一定的学习自觉性。然而在实际的教与学过程中,由于师生并不一定要坐在教室面对面上课,自觉性差的学生"开小差"将会更难发现。比如,教师借助互联网直播的形式给学生上课,教师讲得绘声绘色、深入浅出,屏幕上学生的 ID 登录在线,那么是不是就表明学生在听讲呢? 对于自律性强的学生来说,这自然无须质疑,但对于自我约束力差的学生而言,他们可能会趁机浏览网页、看小说、玩游戏等,如果教师抽查不到这个学生,学生就蒙混过去了,至于真正学到了多少知识是个值得思考的问题。此外,诸如历史智慧课堂、云班课、云课堂、超星学习通等 App 客户端,教师在上面发布的自学任务,学生是怎样完成的,有没有"刷课",有没有复制粘贴,这些教师都难以获知。"互联网+"模式下培育学生的家国情怀素养,一定程度上就将学生"开小差"的情况给掩盖了,这是历史教学运用该模式培育学生家国情怀素养尤其该注意的问题。

二、"互联网+"模式下的中学历史教学培育家国情怀素养的问题应对策略

中学历史教学运用"互联网+"模式培育学生家国情怀素养的问题是客观存在的,我们应该积极给出相应的应对措施,扬长抑短,更好地促进"互联网+"模式在历史教学中的运用,为学科育人价值的实现创造更便利的条件。

(一)学校要重视对教学设备与网络基础设施的投入

在中学历史教学中运用"互联网+"模式培育学生家国情怀素养,是一种有益的探索,有助于加快实现历史学科立德树人的目标。当前中学教学条件仍有待改善,多功能教学设备与网络基础建设不完善的情况还较为突出。互联网的普及率尽管逐年增长,但还存在发展空间,尤其是在中西部及广大农村地区的学校教学条件改善之路任重而道远。学校应尽量减少不必要的经费支出,更多地将教育经费用于对教学设备与网络基础设施的投入上,积极为学校配备现代化多功能教学设备,并及时更新这些信息化多功能教学资源设备,建设专用历史教室,改良学校的教学网络环境,完善学校信息化教学平台。比如,加快校园云端信息资源库建设,上传优质的历史教学资源,或对接其他高水平学校的资源库,师生只要登录自己的账号,就可以进行学习。加快校园内部交流平台构建,像校园贴吧、校园微信公众号、学校微博、校园短视频等,应该充分利用起来,可以在上面发布历史小故事,或诸如隋炀帝的功过是非的论题,鼓励学生讨论,等等,从而让学生在闲暇娱乐的同时,也能掌握更多的家国情怀内容,并通过师生的教学互动,激发起学生的民族精神、爱国情操。

(二)历史教师积极引导学生合理运用互联网

"互联网+"模式下的历史教学,学生与网络接触增多,同时与不良信息接触的概率也随之增加。中学历史教学运用"互联网+"模式培育学生家国情怀素养要想将互联网给学生带来的负面影响降到最低,历史教师就要从学生与课程两个方面下功夫。

对于学生而言,教师应该积极向其宣传网络安全的重要性,鼓励健康上网,加强对学生的教育引导,使学生能够正确地认识并合理使用作为教学媒介的互联网,进而减少历史教学在运用"互联网+"模式培育学生家国情怀素养过程中,学生因为好奇误点一些不良网站及不良信息的情况发生。对于课程而言,历史教师要首先明确教学内容与目标,尽可能多地给学生提供一些确切的信息搜索渠道,诸如国家或者地方的博物馆图书馆网站、历史学习网、中国历史学习网、全历史、趣历史、历史春秋网、凤凰历史等;针对不同的教学内容,历史教师要主动给学生指明什么类型的资源有助于促进学生对学习内容的理解。例如,在讲述部编版九年级"古代亚非文明"这一单元内容时,仅仅依靠教师的口头讲解显然是不够形象具体的,这时可以提前让学生通过上述渠道去搜索相关的人类活动图片、人工智能模拟的早期人类生活情形的录制视频等,不仅有助于拉近学生与历史的距离,促进学生对文明起源的认识与理解,而且还能有效降低学生遭受不良信息影响。

(三)鼓励学习与培训,进一步提高历史教师素养

学无止境,贵在以恒,对于教师而言同样适用。教师是教育教学过程中最重要的资源,在"互联网+"的时代背景下,教育面临着以往不曾出现的新形势,这给教师的信息化教学带了极大的挑战。教师能否熟练地将现代信息技术运用于历史教学过程中,成为检验教师信息化教学水平高低的试金石。教师需要成长,教师的自我学习与反思是促进自我成长,提高自身素养的重要措施。宁夏师范学院李兆义教授、西北师范大学杨晓宏教授写道:"教师还需要'工匠精神''学习——实践——反思''学习,学习,再学习''实践,实践,再实践''反思,反思,再反思'。"这是一个精益求精、自我提升的过程。通过对历史教师的鼓励,可以有效地唤醒教师的学习激情,激发教师的学习意愿,最终有益于教师素养的提升与教学质量的提高。此外,"国培计划"与专家讲座等的培训学习、学科内的交流竞赛,也是促进教师提升专业发展与各项能力的重要举措。通过增加历史教师培训学习机会,能够帮助教师进一步认识自我,弥补自身的不足,从而能有效地提高历史教师的教学素养、网络信息技术素养、职业道德等素养。

当历史教师各方面素养得到提升后,眼界会更开阔,对事物的认识看法也将会大大不同,教师在运用"互联网+"模式培育学生家国情怀素养的过程中也会更得心应手。历史教学培育学生的家国情怀素养也不再拘泥于某一种教学模式,而是能够在教学过程中,以时间、地点、条件为转移,灵活地运用各教学模式的优势,帮助学生获得知识与情感体验,促进学生家国情怀素养的最终生成。

(四)家校合作,加强对学生的监督

学生参与是教学中重要的一环。"互联网+"时代下的历史教学,更是把学生摆在突出的位置上,对学生的学习参与程度要求更高。尽管"互联网+"模式下的历史教学培育学生家国情怀素养的优势很多,但学生"开小

差"的方式同样也变得更加隐蔽了。初中生相对小学生在自我约束力等方面有了一定提升，但面对内容丰富的互联网，加上不时有弹窗推送，学生依旧很容易被一些内容吸引，从而分心走神。为了减少这种情况的发生，促进学生家国情怀素养的养成，家长和学校需要通力合作，共同努力，劲儿往一处使。学校和教师通过教育教学帮助学生获得知识，树立正确的世界观、价值观、人生观责无旁贷，但教育学生，促进学生健康成长，不是单单依靠学校及教师就能实现的。

家庭教育，尤其是家长的榜样示范作用、引导监督和对教师的反馈互动，都是必不可少的。中学历史教学运用"互联网+"模式培育学生家国情怀素养需要加强家校合作，不管是特殊时期的网络授课，还是基于互联网的历史智慧课堂、云课堂、超星学习通等辅助教学App，从根本而言，还是需要学生跟随教师思路的，这样学习才能事半功倍。当学生学习"开小差"时，教师和家长应第一时间制止，而不是放任自流。课后教师也要多反思，及时与学生及学生家长进行交流，查明学生"开小差"的原因，尽量避免因自身教学因素而引起学生精力不集中等情况的发生，积极改进历史教学，力求历史教学实现生动活泼与教育性的统一，创造良好的环境氛围。与此同时，在运用互联网进行相关学习操作时，家长应严格贯彻教师要求，积极引导监督学生正确使用互联网，降低历史教学运用"互联网+"模式培育学生家国情怀素养可能产生的负面影响，真正创造有利于培育学生家国情怀素养生成的条件。

第七章　基于体验式的中学历史教学 与家国情怀素养培育研究

第一节　体验式学习概念及理论基础

一、体验与体验式学习

（一）体验

《实用新华词典》对"体验"的解释是："亲身经历；通过实践来认识周围的事物。"在实践中学习，亲身参与事件发展，进而实现认知、情感、态度、行为的变化，通过对过程的体验、反思进而内化到自己的知识结构中；"体验"是体验者依靠自身感官，包括肢体、视觉、听觉来认识事物，将活动探究中获得的新认知和情感融入原有经验，是体验者在积极主动的心境下改变知识结构、能力结构并获得实际效果的内在过程。

《牛津高阶英汉双解词典》对"体验"（experience）一词作出如下解释："通过在一段时间内做某事而获得的知识和技能及其过程；曾经发生在你的身上，对你的思考和行为方式造成影响的事情；在某些方面影响你的事情或活动；经历过影响你的或发生在你身上的特殊情形；拥有意识的情感或身体上的感受。"①牛津词典对"体验"的阐释强调对个体的影响，伴随"体验"的是知识和方法的获得以及心理状态和行为方式的改变。

（二）体验式学习

我们分析"体验"一词的含义，知道体验是主体在客观环境中通过亲身参与而获得的主观感受。以往的体验在我们的日常活动中给予导向和帮助，指导我们在新的活动中获得新的体验。如果我们的"新"体验与"旧"

---

① 王国强.体验式学习理论及其对成人教育的启示[J].河北工业大学成人教育学院学报，2008(3):1-7.

体验不一致时,我们一方面会对"新"体验产生质疑,另一方面也会将新体验纳入我们的体验库。

正如许多学者所认为的,体验与学习是彼此联系、不可分开的。因此,美国体验式教育协会将体验式学习定义为"学习者从直接体验中构建知识、技能和价值观的过程。在以往的体验和知识的基础上,通过自己对经历或事物的观察有意识或无意识的内在化中获得的洞察"。体验式学习理论的集大成者库伯在《体验学习——让体验成为学习和发展的源泉》中这样定义体验式学习:"学习是体验的转换并创造知识的过程。"本质上说,体验式学习是多种学习形式的前提和根本,学习都是要以体验为先,再内化到自己的知识框架中去。

二、理论基础

本文以体验式学习作为内化家国情怀的实践方式,其中金字塔学习理论、大卫·库伯的体验式学习圈以及建构主义学习理论对体验式学习内化家国情怀具有指导与借鉴意义。

(一)金字塔学习理论

"学习金字塔"是由美国学者埃德加·戴尔于1946年率先提出的。学习金字塔原理是:根据学生认识特点的不同,对同一教学内容用不同教学方式进行,一段时间后,留在学生脑海内的知识量也不同并形成金字塔状。美国缅因州的国家训练实验室做过相似的研究,并提出学习金字塔理论。

第一种学习方式,听别人说学习的内容留存率在5%。

第二种学习方式,自主阅读教材、文本学习的内容留存率在10%。

第三种学习方式,通过影像资料学习的内容留存率在20%。

第四种学习方式,由展示、示范学习的内容留存率在30%。

以上是被动学习,而主动学习的学习留存率有明显提升。

第一种学习方式,通过分组讨论、小组探究学习的内容留存率在50%。

第二种学习方式,通过实践学习的内容留存率可达75%。

第三种学习方式,将知识传授给他人,学习内容的留存率在90%。

金字塔学习理论表明不同学习方式有不同的学习效率,通过主动探究、合作、实践等体验式学习可以调动学生积极参与,明显提高学习效率。

因此,以体验式学习内化家国情怀正是对金字塔学习理论的应用。

(二)大卫·库伯的体验式学习圈

体验式学习是由社会心理学家戴维·库伯的"体验式学习圈"和教育家杜威的"在做中学"等共同架构起来的。体验式学习强调为学习者搭建真实或模拟的平台,认为通过体验式学习方式加强课堂与"真世界"之间的关键联系,然后反思总结提升为理论成果。1984年,库伯在《体验式学习——体验是学习和发展的源泉》中正式提出"体验式学习理论"的概念,建立体验式学习模式。他认为个体具有两种获取体验的方式:一种是感知,即具体体验;另一种是领悟,即抽象概念。在库伯看来,学习过程就是处理好具体与抽象、反思与应用之间的矛盾冲突的历程。

库伯从体验的角度分析学习,认为学习是"通过转化体验而创造知识的过程"。我们应将学习的注意力放在学习的过程上,而不只是关注学习结果。那些以活动开始的,通过活动获取知识的学习方式,都可称作体验式学习。大卫·库伯的"体验式学习圈"为以体验式学习内化家国情怀提供了理论支撑。

(三)建构主义学习理论

建构主义学习理论是20世纪90年代以来在建构主义哲学思潮影响下出现的一种解释学习的理论,它认为知识是由学习者主动建构的;学习者用自己的角度建立起对事物的理解;学习应该是一个相互交流合作的过程。

建构主义者认为学习不是一个被迫吸收、机械练习和强化记忆的过程,而是以学生原有的知识、经验为基础,实现个体和外界环境相互交流主动学习的过程。因为个体自身的差异及发展水平不同,每个人都有自己看待事物的角度、标准并建立起对事物的理解,也就是学习者在亲身参与的基础上主动吸收容纳新的知识,将新知识融入到原有的知识结构中。这种通过主动参与获得知识、情感认知的学习方式为内化家国情怀提供了一定的理论依据。

上述理论为体验式学习提供理论基础,正是这些理论的支撑,以体验式学习内化家国情怀在课堂实践中的可行性得到可靠保障。

第二节　以体验式学习内化家国情怀的可行性及策略

一、以体验式学习内化家国情怀的可行性

（一）历史学科核心素养提供教学理念

义务教育课程标准规定了教育目标、教育内容和教学基本要求,体现国家意志,在立德树人中发挥着关键作用。2001 年颁布的《义务教育课程设置实验方案》和 2011 年颁布的义务教育各课程标准,坚持了正确的改革方向,体现了先进的教育理念,为基础教育质量提高作出了积极贡献。随着义务教育全面普及,教育需求从"有学上"转向"上好学",必须进一步明确"培养什么人、怎样培养人、为谁培养人",优化学校育人蓝图。教育部于 2022 年 3 月印发了《义务教育历史课程标准(2022 年版)》,提出要"立足学生核心素养发展,充分发挥历史课程的育人功能"。学生历史学科核心素养的养成不是一蹴而就的,不是靠灌输形成的,而是需要树立以学生为主体的学习活动,在做中学,进行自主学习、合作学习、探究学习。要树立以学生为主体的教学观念,注重学生自主探究的学习活动,鼓励教学方式的创新。历史课程的教学以学生为本,充分考虑学生学习历史、认识历史的特点,通过学生自主探究的学习活动,体现学生在教学中的主体地位,实现历史课程育人方式的变革。提倡选择多样化的教学资源,探索多样化的教学方式和方法,鼓励将现代信息技术与历史教学深度融合。培养学生学会学习、发现和解决问题的能力,为创新型人才成长奠定基础。

（二）历史学科特点提供学习方法

"历史"一是指"实实在在发生过的往事",二是指"对这种往事所作的记录、陈述和对这种往事真相的追究。"[1]因此,历史在时间上有已逝性,在空间上有不可接近性,与多数自然科学研究对象的无时空差异性、重复性有很大差别,这决定了历史认识在方法和途径上与理工类的研究方法不同。自然科学研究的基本方法是"观察"和"实验",历史学接近和进入历

---

[1] 赵轶峰.历史研究的新实证主义诉求[J].史学月刊,2018(2):116-132.

史本身的基本方法、基本途径应该是"体验"和"理解"。从这一点讲,历史学习应该为学生创造一种情境,给予学生体验的环境、一个重温历史的机会。而且,我们在历史学习情境中要学会多角度看待问题,尊重不同人的声音,多方面归纳现象,使历史学真正成为一门启人心智的学科。

(三)历史教材编排提供空间

以岳麓版教材为例,教材图画版式丰富多彩、印刷精美,包括知识链接、自我测评、解析与探究等环节。但就正文内容而言,按照新课程改革理念与历史课程的教育目标来分析,历史教科书仍有需要改进的地方。

第一,内容抽象,学生很难理解把握。学生在日常学习活动中占主体地位,而历史教科书作为历史学习的重要工具,能够提供基础知识、提升阅读能力以及塑造乐观健康的情感态度,所以历史教科书要符合学生的阅读水平,以便于顺利完成教学目标。岳麓版历史教科书时间跳跃性大,将中外历史都编排在一起,压缩生动有趣的历史,在有限的版面内陈列众多史实,导致每个历史事件十分粗浅,缺乏可读性。

第二,客观史实少,结论多,不利于研究性学习。岳麓版历史教材以对历史事实的描述为主,历史原始资料的展示较少,使学生主体因缺少分析、判断的过程而无法真正吸收、理解,更无法上升到情感教育空间。所以,利用教材编排上存在的问题、提供的空间,结合教材内容给予学生体验的机会,使学生在个人体验中了解历史、感悟历史。

(四)中学生心理认知特点提供学习基础

进入中学之后,学生个体自我约束水平以及目标性都显著提升,在日常学习中表现出来的踊跃性和自觉性有明显增强,主要表现为:学习目的清晰化,学习动机明确化,他们的日常学习多数以知识本身为起点,主张夯实基础、强化自身知识储备,表现出较强的求知欲;随着抽象逻辑思维能力的增强及自我意识的发展,中学生的独立思考能力和问题解决能力也有很大的提高,对教师、父母等的依赖性显著下降;学习活动的计划性增强,即中学生越来越能根据自身的实际情况、学习任务和要求,主动安排和调节自己的学习活动和学习内容,自主学习的能力明显提高。中学生开始更多地尝试把书本上所学的理论知识和实践活动结合起来,他们不仅重视知识的理解、吸收和巩固,还注意将所学知识应用到实践活动中去,注意自身能力的提升,这种学习能力、心理认知特点为体验式学习提供了学习基础。

二、中学历史教学中以体验式学习内化家国情怀的策略

(一)整合教学内容,确定学习目标

部编版历史教材政治文明历程内容丰富,非常广泛,在历史发展中的作用举足轻重。尤其是在历史的转折关头,政治因素往往是决定性的。通过政治史的学习,可以了解纷繁复杂的政治变革、政治制度和政治人物,认清历史进步、时代潮流,把握中华民族多元一体的历史发展趋势,培养家国情怀。

如部编版七年级上册历史教材全书共分为四个学习单元,通过不同单元的学习,知道中国历史上不同的政治制度、重要的政治事件以及杰出的历史人物对历史发展的作用与影响,从历史中获得经验教训;理解和尊重世界各地区、各国家、各民族的文化传统,增强对祖国、民族的认同感;在进一步学习中了解中国国情,热爱和继承中华民族的优秀传统,弘扬和培育民族精神,理解并认同社会主义核心价值观,逐步形成对国家、民族的历史使命感和社会责任感。想要完成以上内容,既要有世界性的眼光,又要坚守本民族的立场,符合家国情怀素养的基本内涵。

古人家国情怀的形成与古代家国一体的社会政治结构密切相关。树有根,水有源,世间万物都有来龙去脉。在家国情怀的培养上,首先要培养对"家""国"的认同感。"秦汉时期:统一多民族国家的建立和巩固"单元,通过分析秦汉时期(某个朝代)的具体历史史实,知道、研究这一时期政治制度的主要特征及在中国古代社会政治发展过程中的影响,进一步认识中国传统和中国国情,增强对家、国的认同感。

部编版八年级的"近代化的早期探索与民族危机的加剧"这一单元指出中华民族面对着两大历史任务:一个是求得民族独立和人民解放;一个是实现国家繁荣富强和人民共同富裕。通过这些内容的学习,知道列强的残酷侵略以及中国人民反对外来侵略的坚定决心,从中感悟中华民族为争取民族独立的爱国精神,进一步培养学生的爱国情感,提高民族自信心。"资产阶级民主革命与中华民国的建立"这一单元通过太平天国运动、辛亥革命、五四运动以及新民主主义革命构筑了中国近代民主革命的过程。

从中国民众追求民族解放到实现国家富强和人民共同富裕的过程,了解中国近代史的发展脉络,能够表现出对历史的反思,从历史中汲取经验教训,更全面、客观地认识历史和现实社会问题。"民族团结与祖国统一"这一单元以中国政治建设的曲折发展为架构,包括政治建设的起点、曲折发展以及新的探索与成就。了解"一国两制"的理论和实践,认同社会主义核心价值观,树立中国特色社会主义道路自信、理论自信、制度自信和文化自信;认识中华民族多元一体的历史发展趋势,形成对中华民族正确的认同感和民族观。以祖国统一的历史潮流一课为例,依托邓小平提出"一国两制"的伟大构想,了解爱国人士为实现祖国的完全统一进行不懈努力,深刻意识到作为中国公民在思想上、语言上、行动上维护国家统一的重要性和必要性。

部编版九年级从"资本主义制度的初步确立"这一单元中了解欧美资产阶级代议制的诞生,结合其确立的背景和发展过程,分析其性质归纳共同特点;从西方和世界政治历史发展的角度,学习和探讨世界历史发展的进步历程,形成正确的世界观、历史观;更全面、客观地认识历史和社会现实问题,打开学生的国际视野。"工业革命和工人运动的兴起"是从理论到实践系统介绍科学社会主义的发展线索,结合工业革命后工人运动的基本特点和空想社会主义思潮的状况来认识马克思主义的产生;从人类社会的发展进程了解俄国十月革命在世界历史进程中的划时代意义。在本专题的学习中,要联系国际背景,用世界性的眼光来认识中国确立社会主义制度历史性,认同走中国特色社会主义道路是历史的必然,树立中国特色社会主义道路自信、理论自信、制度自信和文化自信。

(二)构建体验路径,内化家国情怀

结合上文确定的学习目标,为家国情怀构建体验路径,创设体验环境,增强内化家国情怀的可操作性,主要在以下方面。

1.组织合作探究,"合"学历史,提升家国认同

所谓合作探究,是学生根据教师提出的事例和问题分成各个小组,组内成员通过阅读、观察、实验、思考等方式去探究,最终发现并掌握相应的结论和规律的一种学习方法。通过合作探究学习,符合新课程改革要求,它突破了传统教学对学生的限制;尊重学生的主体地位,给学生自由发挥

的空间;它能够在完成教学目标的基础上开发学生的创新能力,锻炼实际操作能力。

案例1:部编版七年级上册第二单元"夏商周时期:早期国家的产生与变革"

(1)课标要求

了解宗法制和分封制的基本内容,认识中国早期政治制度的特点。

(2)教学目标

知识与能力:了解宗法制和分封制的基本内容;认识中国早期政治制度特点。

过程与方法:培养搜集、分析历史资料以及分析、处理问题的能力;提高运用论从史出的历史研究方法去认识事物的能力以及培养合作学习的意识。

情感态度与价值观:通过探究中国古代的政治制度——分封制、宗法制,共同追溯中国"家国"起源,提升学生对家庭、家族的认可,继而上升到对国家的认同。

(3)教学准备

课堂教学之前,为了将学习内容和生活实际相联系,切身体会家庭及家族概念,围绕宗法制等教学内容,布置探究任务。

教师布置探究任务:①了解族谱记载和长辈传说得知家族姓氏的由来、家族的迁徙;②列出家族四至五代人的姓名、婚配等情况(以家族树形式);③调查关于祭祀祖先的时间和方式。

提出探究要求:①在学习过程中要做好记录,以便过后整理;②整理探究记录,写出简要的探究报告;③要进行探究后的思考,提出探究性问题。

师生讨论探究中存在的问题:①你在合作探究中遇到哪些问题,是怎么解决的? ②探究学习后你了解哪些事,还有什么疑问? ③这次探究学习你有什么感想?

(4)教学过程

师:中国的姓氏文化代代传承,历经四五千年,始终延续和发展着,以一种血缘文化的特殊形式记录了中华民族的形成。通过课前的合作探究,大家了解到关于家族的很多内容。比如家族姓氏的由来,辈分的序列,家族的迁徙,等等。在老师生活的地方有一种祭祖的习俗,就是每年除夕在家里摆好祖先牌位和祭品,请去世的先人们回家过年,到正月初二晚上则还要举行一个送神的仪式。在你们的生活中有什么祭祖习俗吗?

生:每年过年、清明、中秋节都要祭祖。

师:大家了解的风俗还真不少。回乡探亲、祭祀祖先和续家谱等传统活动,大大加深了我们对家、国的眷恋之情。这也体现了宗法制度对现实生活的影响,那什么是宗法制度呢?

师总结:我们所说"家""国",就要追溯到西周时期的宗法分封制。西周时期,周武王为拱卫王室,广建封国。诸侯将土地和人民分封给卿大夫立家,从而形成金字塔形的封建等级制度。天子等同于天下,诸侯等同于列国,卿大夫等同于采邑;家国之间,通过不断分封与效忠而构成血缘—文化—政治共同体。既是家人,又是君臣,就像是一个大家族,即宗族。古时候,宗族不仅是社会生活和日常活动最基础的活动单位,还与国家行政系统关联紧密,体现了我国古代社会与众不同的家国一体的政治结构,极具中国特色,千百年来,经久不衰,这是我们较早的家国认同。

合作探究是历史活动课的一种重要形式,是通过学生自主学习、团队合作的途径参与发现历史、认识历史、感悟历史的过程。在合作探究中,为学生提供多方面的学习内容,内容难度不一。如了解族谱的记载、调查祭祀祖先的时间等,旨在将不同程度的学生都调动起来,尊重学生的主体地位,提供给学生体验历史的机会。因此,题目的选择比较适合高中学生的认知水平,具有可操作性。

同时,探究的过程也是发现问题、解决问题的过程。为了使学生的活动方向明确、有的放矢,在探究之前师生讨论,使每一个学生都明确调查的目的,列出调查项目及具体要求。在合作探究成果的展示上,要求学生将探究结果整理后写成探究报告,这一过程重在培养学生自主学习的能力。最后,在教师的引导下进行小组交流和课堂讨论,解决在调查中存在的问题,了解中国政治制度中的"家""国"概念,提高学生对家庭、家族进而是国家的认可,培养学生的家国认同。

2.创设历史情境,"活"学历史,增强文化认同

历史情境教学通过可行的教学方法和教学手段,为学生创设具有浓厚历史氛围的课堂,缩短了历史与学生之间的空间、时间距离,在历史情境

中体验,进而在思想上有所感悟,最终达成学习目的。

案例2:部编版九年级上册第二单元"古代欧洲文明"

(1)课标要求

了解希腊自然地理环境和希腊城邦制度对希腊文明的影响,认识西方民主政治产生的历史条件。

(2)教学目标

知识与能力:了解古希腊的政治、经济、地理、人文环境及对民主政治产生的影响。

过程与方法:创设情境,组织希腊旅行团,在"旅游观光"中了解希腊自然地理环境及西方民主政治产生的历史条件。

情感态度与价值观:感受雅典民主政治的辉煌,分析古典希腊文明对世界文明的贡献;比较古代希腊民主政治和中国古代政治制度,了解世界历史发展的多样性,加强对世界文化的认同感。

(3)教学过程

第一,导入新课。

师:希腊,这颗镶嵌在爱琴海的明珠,拥有旖旎迷人的自然风光和底蕴丰富的人文传统,她是欧洲文明的源头。你了解希腊吗? 你饱览过希腊的碧海蓝天吗? 你想知道希腊的风土人情吗? 我们的行程即将开始,请你坐好。

第二,讲授新课。

师:我们从图中了解到希腊自然地理环境是什么样的?

生1:古希腊山地多,可耕种的土地少。

生2:三面环水,港湾众多。

师:是的,古希腊三面环水,港湾众多,海岸曲折。那么这样的地理环境对希腊文明产生什么样的影响呢?

生1:更加自由。

生2:很难接收到外界信息,发展闭塞。

师:同学们的看法真是截然不同啊! 那我们一起来了解一下:由于古希腊山多地少,农业发展落后,粮食生产难以满足日常生活,人口与土地之间矛盾尖锐,同时各地之间交通不便,有利于城邦制度的形成;但正是基于三面环海、港湾众多的自然条件,便于航海与文化交流,也易形成平等、自由的观念,有利于民主政治的形成。那我们赖以生存的中国大地的自然地理环境是什么样的呢?

生:多是平原,没有地形阻隔。

师:那么结合我们上一个单元的学习内容,古代中国的政治环境是什么类型的?

生:专制主义中央集权。

师:同一个世界,不同的选择。那么是地理环境造就了古希腊的民主政治制度吗? 地理环境是否决定了文明的类型?

生:略。

师:地理环境对古希腊历史的发展有一定影响,但绝对不是决定性作用。从地理环境看,日本更符合海洋文明,但古代日本却和古代中国一样建立了专制政治制度。同学们,是不是西方文化、西方文明完全优于东方文化、东方文明?

生:略。

师:通过今天的学习大家会有自己的判断。文化是多样的,没有优劣之分,要尊重不同地区的文化,鼓励文化间的相互包容。

通过课堂教学了解到,历史情境可以利用形、声同时刺激于学生的感官,使学生在同一时间接收更多信息,调动学生的积极思维,锻炼历史学科的思维能力。案例中组织希腊旅行团,在"旅游观光"中了解希腊自然地理环境,并联系中国古代文明,了解中西间文明的差异,增强对文化的认同,这种认同既是对中国的认同,也是对世界的认同。

而且历史情境教学不以时间为限制,让生动的历史再现在师生眼前,拉近学生与历史的距离,提供一段活生生的历史,变机械的听讲、记忆为积极的游历,最大限度地调动学生的学习兴趣,在主动参与中最大限度地完成学习任务,提高学习效率,增强文化认同,内化家国情怀。

3.多媒体演示"助"学历史,培育社会责任

多媒体最初指的是多种媒体的联合使用,如将幻灯机、投影仪、录音机等设备合在一起用在教学中。但随着计算机技术的飞速发展,现在多媒体的概念主要是通过计算机综合处理各种信息,如文本、图像、图形、视频、声音等,使信息的搜集、编辑、存储等呈现为一种集成性、交互性、同步性

的系统。

多媒体演示是在学习过程中,依据学习内容运用多种媒体设备把各种形式的信息结合在一起,展示学习内容。把原本生涩、枯燥的内容变得生动、易懂,具备很强的渲染力、表现力,不被时间、地点约束。在演示过程中,学生看得认真,听得认真,体验深刻,获得积极、鲜明的感性认识。

(三)采取多元评价,促进全面发展

我们通过多种途径构建体验式学习内化家国情怀素养,但体验式学习与传统学习方式不同,不能通过简单的纸笔测试,所以要建立促进学生全面发展的评价体系。所谓"评价",是人类有意识活动的一个表征,其实质在于促进人类活动的完善,是人类行为自觉性与反思性的表现。评价不仅要关注学生的学业成绩,还要发现和发展学生多方面的潜能,了解学生发展中的需求,帮助学生认识自我、建立自信。发挥评价的教育功能,促进学生在原有水平上的发展。

1.档案袋评价

"档案袋评价"又译为"卷宗评价""案卷评价""成长记录袋"等。在档案袋评价中,根据教学目标、活动目的,有意识地将学生作品及相应的学习资料收集起来,有条理地归纳、分析,了解学生在学习与活动过程中的优势与不足,从中了解学生为达到学习目标所做的努力,并通过学生的自我反思激励学生取得更高的成就。档案袋评价是可以多角度、更客观地展现一个学生学习与思考的过程、学生的进步与现状,可以对学生的学习、发展过程进行长期、稳定的观察的有效评价方式。

针对以合作探究学习,"合"学历史,提高家国认同活动为例,进行档案袋评价。

第一,档案袋评价要有明确的目的和安排。历史教师要研究确定活动目标,把确定好的目标细化为学习档案袋评价的标准。针对部编版七年级上册第二单元"夏商周时期:早期国家的产生与变革"的活动内容,让学生记录在阅读教材的过程中遇到的问题。档案袋要记录学习过程中发现、整理、分析、最终解决问题的过程,制作档案袋,运用档案袋来反思、提升自己的学习能力。

第二,要真正凸显体验式学习的活动性。档案袋要将学生学习过程中的一些问题、成果记录下来,但不能止步于此。也应当关注学生在学习、探究中的情感变化、合作精神等。尤其是针对本课的教学活动,在知识、能力目标考查评价以外,更要考查评价学生的家国认同,从学生的点滴记录中了解学生对"家""国"认知的情感变化,经过合作探究、教师点拨最终能够形成正确、积极的家国认同。

第三,突出学生评价的主体地位,并倡导多角度评价。案例一的活动是由同学合作探究完成,并且在探究过程中对长辈进行访问,最后在教师点拨总结下提高的,因此在突出学生主体地位的同时,也要重视同学、家长、教师等角度,使其共同参与到学生的成长活动中。

2.表现性评价

表现性评价最早运用在心理学领域和企业管理领域。如在非语言的心理测试中,要求被试者通过动手操作具体的实物而对被试者的某种技能进行评价。表现性评价在20世纪90年代美国的教育改革中代替了原来的客观性测验,逐渐成为美国、加拿大等国学校学业评价的主流形式。表现性评价具有如下特点:一是评价以学生为中心;二是评价表现需要透过实际操作;三是评价着重学生高层次思考能力的运用。

针对以多媒体演示"助"学历史,培育社会责任为例,进行表现性评价,将学生的实际表现能力作为评价的主要内容,从以下几个方面进行评价:①创新性。如在总体构思上能否基于史实的基础给予多媒体制作合理的创作形式,要做到真实性、趣味性。②小组合作是交流、学习的过程。如在准备素材时学生能否积极与成员合作;如合理分配任务,问题探究等也作为一个重要的评价标准。③活动成果。如课堂展示,一方面是多媒体制作成品效果;另一方面是学生的讲述是否准确、清晰、生动。

表现性评价强调创设真实情境,要求个体在真实的、活动的情境中进行,不要脱离活动的环境。通过表现性评价的案例我们也了解到,表现性评价不是将学生的知识、能力评价分离,而是综合评价学生运用原有知识进行实践的能力。学生不再只是与教材、试题、成绩密不可分的书虫,他们要主动参与、实际展现,从而多方面培养能力。

第三节 基于体验式的中学历史教学与家国情怀素养培育对策

一、教师方面：革新教学理念，优化教学效果

（一）转变教师角色

现阶段的学生受社会新闻影响较深，分析、处理问题的能力还有待改善，个性色彩比较突出。所以教师应改变以往"独裁者"的角色，应融入到学生中，主动与学生进行情感交流，可以从学习问题、生活问题谈起，互相信赖、倾听交流。因为师生间若能保持良好的情感交流，双方会产生青睐和认同，一旦学生形成对教师的认同感，则会将这种认同迁移到教师所教的学科上。古语云"安其学而亲其师，乐其友而信其道"，所以学生对教师所持的情感态度与价值观也深信不疑。以家国情怀素养来说，由于其内隐、不可测的特点，教师无法从平时的纸笔检测中了解其落实的程度，并且在课堂教学中由于时间有限、任务繁重对该素养的培育程度难以掌握。如果教师能够转变自身角色，愿意到学生中间去交流、分享，可以在聆听学生的所见所闻中了解他们的情感态度，诸如对家乡建设、国际热点的评判分析，进而发现他们的问题，给予正确的引导、帮助，树立积极、正确的家国情怀素养，也正是"信其师，亲其道"。

（二）提升教育理论

在历史课堂教学中，教学者对教学实践中教育理论的运用大伤脑筋，脱离教育理论去实践终究是一盘散沙，二者需要合理"联结"。因为，高素质的历史教师需要一定的理论素养，不能仅满足于教师"教"的角色，还要把历史课堂转变为历史学习的实验室、活动室；还要积极地与专业的教育教学研究人员合作交流[①]，将双方的优势最大化，提高教学水平。而且，历史教师要组织好课堂教学，要在了解掌握学生的心理特点后，知道学生的个性差异与能力水平，从而减少教学工作中的盲目性，提高教学效果和工作效益。

---

① 石静.新时期教师赋权增能的路径探究[J].教学与管理,2022(9):43-46.

以体验式学习内化家国情怀素养来说,设计体验式学习活动就要求教师具备一定的理论基础。因为体验式学习,不是一堂"假热闹"的课,而是在教师精心的设计下一步步完成的活动课。比如在体验之前,教师要根据教学目标设定体验内容,并根据体验内容以及学生的学习习惯、学习兴趣选择体验方式;在确定好体验方式以后,教师要为学生创造虚拟情境,给予学生恰到好处的体验环境。在教师的组织、引导以及师生合作下完成体验式学习后,教师应采取多元评价,促进学生的全面发展,比如档案袋评价。而这样的一节由教师设计、师生共同完成直至最后的多元评价的活动课,每一个环节都在考验着历史教师的理论储备。

（三）整合利用资源

历史教师接触到最直接的教学资源就是教科书、教师参考书以及各类教辅资料,但这不是唯一的资源。历史教师应打破将教科书等书面材料作为唯一教学资源的观念,将教科书同其他类型资源有机结合起来,进行自主整合,为教学服务。一是使教科书内的内容"活"起来。即在课堂教学中,教师既要根据教学目标和教学重难点适当补充一些历史材料和历史细节,以充实历史事件的过程或丰满历史人物的形象,通过教师的讲述使原本简单、干瘪的历史事件、人物饱满、鲜活起来,通过这些鲜明的事件、人物,感受他们身上坚韧、无私的民族意志。二是让教科书同课外资源"交流"起来。在现代教学中,教师不仅仅是利用黑板、粉笔的纯语言教学,而是要提升历史课堂的科技含量,充分发挥信息技术的优势,推进信息技术在历史课堂中的应用。现阶段,主要体现在历史多媒体课件的制作和使用上。以前文提到的案例利用多媒体演示"助"学历史,培育社会责任为例,就是主张学生在阅读历史课本中的相关内容,通过多种渠道获取信息,如历史读物、互联网站等,获取有关"一国两制"的内容制作多媒体作品,既锻炼了学生获取信息、整合资源的能力,也能够使历史学习的呈现方式多样化。

二、学校方面:丰富课程资源,优化学习环境

（一）发挥场馆学习优势

场馆学习属于非正式学习的一种,一般发生在为人类学习而设立的公

共机构,如自然博物馆、历史博物馆、科技馆、天文馆、动植物园等,故称之为场馆学习。场馆学习不同于传统的课堂学习,课堂学习学生掌握的是间接经验、理性知识,而在场馆中学到的知识是由学生主观体验最终内化到自己的知识结构中的,能自如地运用。而且历史不同于其他自然学科,它强调"借古鉴今",所以历史的重点在于对过去事情的研究。这些决定了学生对历史的学习不能像自然学科一样,可以从现实中找到真实的情景,因为过去的情况是无法情境重演的。但历史曾经发生过的场所以及历史遗留下来的文物和资料却有助于学生体验历史。所以在历史教学中利用各种历史博物馆、遗址、纪念馆、古镇、老宅等场馆就显得十分重要。

(二)创设文明校园环境

校园环境是师生最直观、最亲近、最熟悉的生活体验场所,是一种隐藏的教育资源。而且校园文化既是我国社会主义文化的重要组成部分,又带有鲜明的民族文化特色。我们要挖掘校园文化的土壤,让其植根于社会主义文化和民族文化之中。让社会主义文化、传统文化去抚育、滋养这座校园。如果校园文化想要丰富和发展,就要深深扎根于他们的沃土之中,不断汲取传统文化、社会主义文化中包括家国情怀在内的优秀资源和理论成果。

因为中学生对国家和民族的爱是具体和现实的。这种具体和现实的爱和情感只能在现实的社会实践中才能牢固地树立。因此,依托校园文化推进学生家国情怀教育,就应该不断地拓展校园文化中家国情怀教育实践的方式和方法,在校园文化中大力开展家国情怀实践教育,使他们逐渐树立起对祖国、民族的归属感和自豪感,形成他们对社会的责任心、义务感,锻炼他们的实践能力。通过在校园文化中加强家国情怀的实践教育,能够提高学生家国情怀教育的实效性,促进学生形成牢固的爱国情感。

参考文献

一、专著

[1]罗竹风.汉语大辞典1[M].上海:上海辞书出版社,1986:50-53.

[2]宋涛.携手构建人类命运共同体[M].北京:当代世界出版社,2019:20-25.

[3]中国大百科全书总编辑委员会《外国历史》编辑委员会,中国大百科全书出版社编辑部.中国大百科全书:外国历史1-2[M].北京:中国大百科全书出版社,1990:90-95.

二、期刊

[1]白璐,佟玉英.课程思政理论下高中历史教学改革[J].黑龙江教师发展学院学报,2021,40(5):77-79.

[2]丁继华.新时期高中历史学科教学统整的现实遵循及路径[J].教育理论与实践,2022,42(11):53-55.

[3]胡祥,温恒福."互联网+教育"呼唤教师角色转换[J].教师教育论坛,2017,30(8):26-29.

[4]黄永章.论情境教学法在中学历史教学中的应用[J].科技创新导报,2011(13):178-179.

[5]李明珠,余敏.高校思政课混合式教学模式研究[J].湖北经济学院学报(人文社会科学版),2022,19(5):141-145.

[6]李务起.弘扬中华优秀传统文化,促进祖国完全统一[J].统一论坛,2022(2):56-59.

[7]李亚光.论高校历史学科核心素养培养对教师教学的要求[J].渤海大学学报(哲学社会科学版),2021,43(2):40-45.

[8]马泽林.浅谈新课程标准下的高中语文教学[J].文学教育(上),2020(8):82-83.

[9]石静.新时期教师赋权增能的路径探究[J].教学与管理,2022(9):43-46.

[10]宋国才.中国课程概念研究四十年:回顾与展望[J].湖南师范大学教育科学学报,2018,17(6):17-23.

[11]王国强.体验式学习理论及其对成人教育的启示[J].河北工业大学成人教育学院学报,2008(3):1-7.

[12]向勇.历史学科核心素养发展策略:基于美国"READI项目"研究[J].教师教育学报,2020,7(6):110-118.

[13]徐海祥,廖娟娟.论爱国主义情感的精准培育[J].黑河学院学报,2021,12(10):34-37.

[14]徐继宽.核心素养时代:叙写历史教学目标要坚守常识[J].中小学教师培训,2017(11):61-64.

[15]徐蓝.让世界史教科书成为唯物史观教育的重要支点[J].课程.教材.教法,2020,40(6):9-15.

[16]杨宏伟,陆春霖.人的类本质:赫斯的悬设与马克思的确证[J].宁夏社会科学,2021(5):92-100.

[17]余文森.试论讲授法的理论依据、功能及其局限[J].教育科学,1992(2):35-37,28.

[18]岳欣云,董宏建.素养本位的教育:为何及何为[J].教育研究,2022,43(3):35-46.

[19]赵轶峰.历史研究的新实证主义诉求[J].史学月刊,2018(2):116-132.

三、学位论文

[1]刘红.概念图示在初中历史课堂上的运用研究[D].福州:福建师范大学,2017:9-12.

[2]向兰.高中历史课堂"家国情怀"素养培育研究[D].扬州:扬州大学,2019:22-25.

[3]杨德娟.视频教学在初中历史教学中的运用研究[D].南昌:江西科技师范大学,2021:15-17.

[4]杨雪梅.实物史料在高中历史课堂教学中的运用研究[D].重庆:西南大学,2021:15-17.

[5]赵今.初中语文综合性学习中言语能力的培养策略研究[D].成都:四川师范大学,2020:11-17.